3ds Max
재미있는 Modeling

KB139815

DIGITAL BOOKS
디지털북스

3ds Max
재미있는 Modeling

| 만든 사람들 |

기획 JOYCG | **진행** JOYCG | **집필** 안재문 | **감수** 권미진 | **책임편집** D.J.I books design studio
편집 디자인 JOYCG | **표지 디자인** 안재문

| 책 내용 문의 |

도서 내용에 대해 궁금한 사항이 있으시면
저자의 홈페이지나 디지털북스 홈페이지의 게시판을 통해서 해결하실 수 있습니다.

디지털북스 홈페이지 www.digitalbooks.co.kr
디지털북스 페이스북 www.facebook.com/ithinkbook
디지털북스 카페 cafe.naver.com/digitalbooks1999
디지털북스 이메일 digital@digitalbooks.co.kr
저자 블로그 joycg.blog.me
저자 YouTube www.youtube.com/joycg

| 각종 문의 |

영업관련 hi@digitalbooks.co.kr
기획관련 digital@digitalbooks.co.kr
전화번호 (02) 447-3157~8

※ 잘못된 책은 구입하신 서점에서 교환해 드립니다.
※ 이 책의 일부 혹은 전체 내용에 대한 무단 복사, 복제, 전재는 저작권법에 저촉됩니다.
※ 디지털북스가 창립 20주년을 맞아 현대적인 감각의 새로운 로고 **D.I DIGITAL BOOKS 디지털북스**를 선보입니다.
　 지나온 20년보다 더 나은 앞으로의 20년을 기대합니다.

Acknowledgment

어느덧 겨울!
봄부터 생각하던 책을 겨울이 되어서야 마무리합니다.

수천 장의 자료를 모으고, 뒤적뒤적.
시간 날 때마다 습관처럼, 잠들기 전까지 계속하는 짓.
사진을 보면서 머릿속으로 Modeling 해보고 버리는 일들의 반복.
쉽게 설명할 수 있으면서 유용한 팁도 담아내야 한다는 딜레마!
또 모으고, 뒤적뒤적.

3D 일을 쭉 해오면서 지금까지도 Modeling에 대한 고민은 끝이 없었던 것 같습니다. 연차가 오래되었다고 자만할 수도 없는 일.
최근에도 새로운 방법을 찾아 헤매고, 그러다보면 또 찾아지고.
삽질을 피하는 가장 좋은 방법은 새로운 아이디어와 접근방식!

이 책을 본 초급자는 Modeling이 재미있다고 생각할 수 있기를...
이 책이 어떤 초급자에게는 하루 한 시간의 여유를 만들어 주기를...
스트레스가 가득 찬 이 분야에서 Modeling까지 힘들어지는 건 별로 재미없잖아!

북쪽의 찬바람이 길을 잃는다면 모를까, 제주는 지금 따뜻 & 평온.
근데 집필을 끝내고 나면 참 별것 없는 내용 같아 아쉬움이 남는 건 기분 탓인가!

2020년 앞에서
하늘이고싶다.

About book

이 책은 초급자를 위한 책입니다.
초급자의 이해를 돕기 위해 되도록 간단한 형태를 Modeling하고, 그에 필요한 다양한 명령어의 사용법을 설명하고 있습니다.
처음 3ds Max를 배우는 누군가를 위한 내용입니다.
그 누군가가 만나게 될 다양한 형태를 효율적으로 Modeling하기 위해 필요한 기본기에 적합한 내용이라 할 수 있습니다.

Modeling에 대한 책이기 때문에 재질을 상세하게 다루고 있지는 않지만, Modeling 과정에 Test Rendering이 꼭 필요하기 때문에 그에 필요한 기본적인 재질 설정을 설명하고 있습니다.

Modeling 방법은 각각의 작업자마다 다를 수 있고, 그중 어떤 방법이 정답이라고 단정할 수는 없습니다.
여기 소개된 Modeling 방법도 그 수많은 방법 중 하나에 불과하죠.
다만, 효율적인 Modeling 방법을 찾기 위해 어떻게 생각해야 하는지 그 접근법을 알려 드리고자 합니다.

앞으로 여러분 각자의 Modeling 방법을 만들어 가는데 이 책의 내용이 도움이 되길 바라봅니다.

간단한 내용이라 중급자에게는 부족해 보일 수 있습니다.
책을 선택할 때, 신중하게 고민해 주세요!

Youtube 채널

Youtube를 통해 3ds Max 강의 영상을 공유하고 있습니다. 새로 업로드되는 강의를 모바일에서도 만나보세요.
JOYCG의 Youtube 채널 [https://www.youtube.com/joycg] 구독하기로 함께 소통해 주세요!

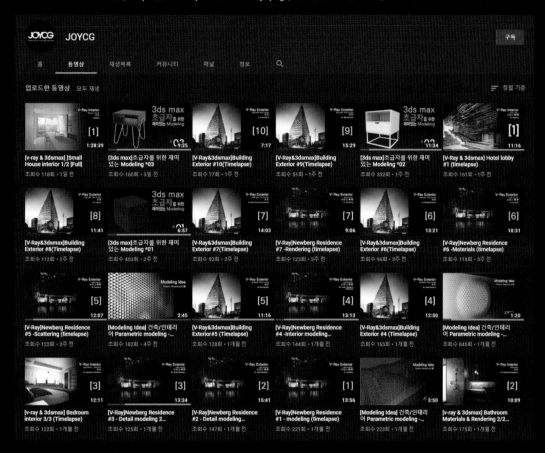

01 Modeling 시작하기

02 Modeling 따라하기

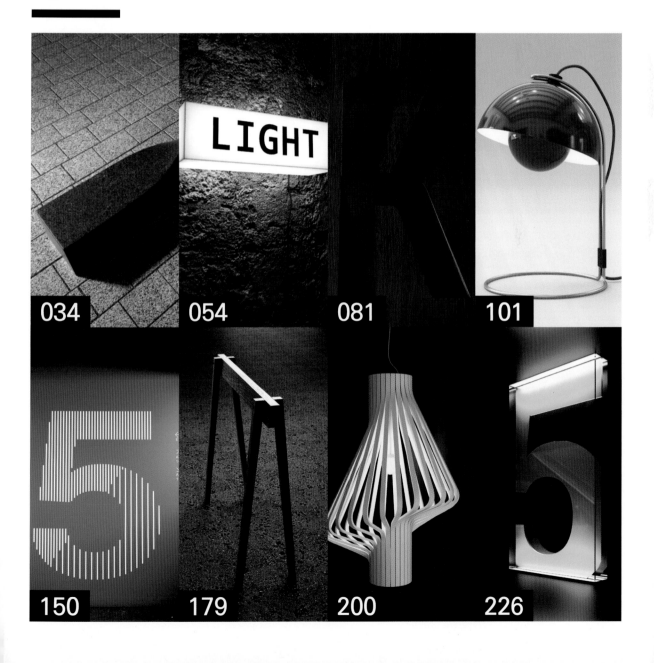

↖
Exit

↗ ⓘ
Apartment
101-130

↘ ⓘ
Apartment
131-160

Use Soft Selection

Edge Distance: 1

Affect Backfacing

Falloff: 20.0

Pinch: 0.0

Bubble: 0.0

20.0   0.0   20.0

Shaded Face Toggle

Lock Soft Selection

Paint Soft Selection

Paint

Selection

By Vertex

Ignore Backfacing

By Angle: 45.0

Grow

Modeling 시작하기

Modeling 시작 전에는 항상 고민이 앞섭니다.

그냥 보기엔 별것 아닌 것 같은데 만들다 보면 생각보다 오래 걸리고, 또 어떤 것들은 생각보다 쉽게 만들어지기도 합니다.

퀴즈를 푸는 것 같은 느낌!

효율적인 Modeling을 위해선 새로운 아이디어가 필요합니다. 물체의 구성 요소를 빠르게 선택하는 방법, 만들고자 하는 물체의 형태에서 반복되는 패턴 찾기, 사실적인 Rendering 결과물을 위한 Mapping 방법까지 모든 것에 아이디어가 필요하죠!

처음에는 간단한 형태부터 만들어 보세요. 스트레스가 아닌 완성에 대한 성취감을 느낄 수 있어야 Modeling 작업이 재미있어집니다.

Modeling이 두려운 초급자 여러분, 지금 시작해 보세요!

3ds Max와 친해지기?

3ds Max를 만난 지 얼마나 되었나요?
첫 만남? 혹은 아직은 어색한 사이? 아니면 오래 만나왔지만 거리감이 느껴지는 사이인가요?
제가 3ds Max를 처음 접했던 시절, 20대 초반이던 제게 3ds Max의 첫인상은 신기함이었습니다. 지금과는 달리 관련된 책이 거의 없었기 때문에 인터넷에서 어렵게 찾은 예제나 프로그램 매뉴얼을 보는 것이 전부였습니다.
YouTube의 끝없는 영상 자료가 넘치는 지금보다 친해지기 어려운 시절이었죠!

3ds Max와 친해지기

어떻게 하면 3ds Max와 쉽게 친해질 수 있을까요?
많이 사용할수록 더 빨리 친해지겠죠. 당장 작업할 것이 없더라도 컴퓨터 앞에 앉으면 3ds Max를 실행하는 것부터 습관으로 만드세요. 화면에 익숙해지면 생각보다 쉽게 친해질 수 있습니다!

Part 01 3ds Max 시작하기

3ds Max를 원활하게 사용하기 위해서는 컴퓨터의 하드웨어 성능이나 운영체제인 Window 환경(64bit)이 중요합니다. 하지만 처음 시작해서 기본기를 익힐 때에는 정말 오래된 구닥다리 컴퓨터만 아니면 돼요!

3ds Max 프로그램은 Autodesk 사의 제품입니다. 30일 시험 버전을 Autodesk(www.autodesk.com)에서 다운받아 사용해 볼 수 있습니다. Autodesk 사의 웹사이트에서 제공하는 시험 버전은 최신 버전입니다.

64bit Window에서 프로그램을 설치할 때에는 관리자 권한을 사용해야 문제없이 설치됩니다. 다운받은 3ds Max 설치파일을 선택하고, 마우스 오른쪽 버튼 메뉴의 '관리자 권한으로 실행'을 사용해서 설치하세요!

이렇게 설치된 3ds Max를 실행해보면, 화면이 버전별로 약간씩 다릅니다. 초급자는 아무 버전이나 사용해도 되요.

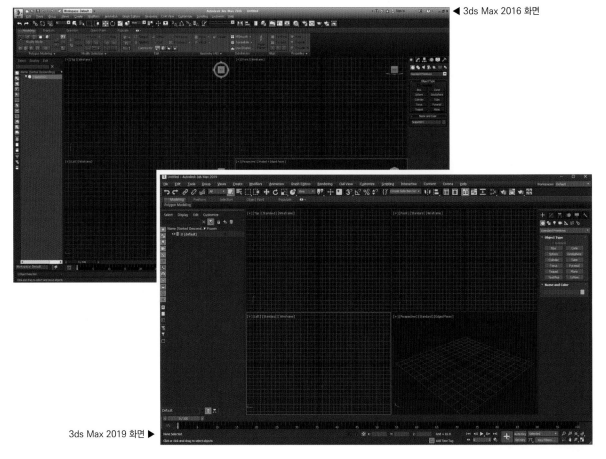

◀ 3ds Max 2016 화면

3ds Max 2019 화면 ▶

01 3ds Max의 화면 구성

3ds Max는 어떻게 구성되어 있을까?

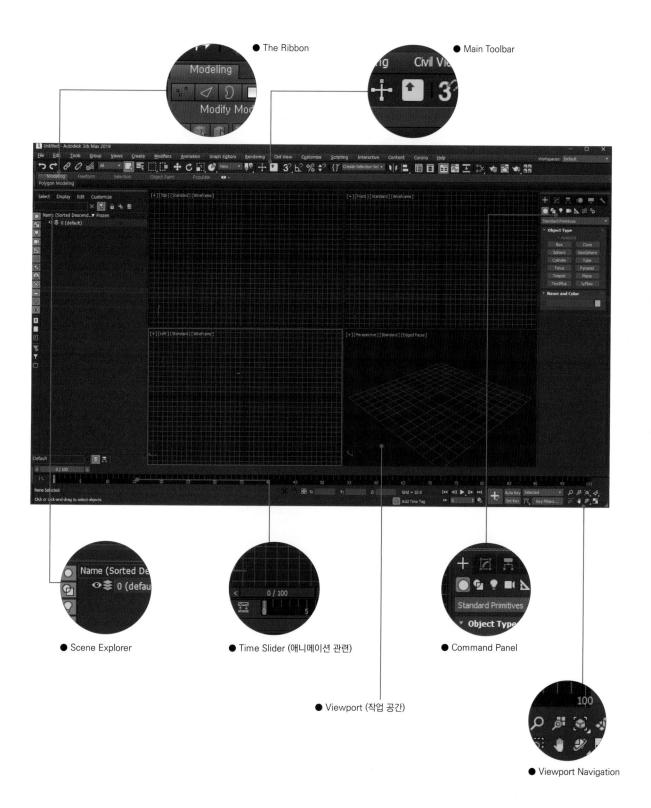

● The Ribbon

● Main Toolbar

● Scene Explorer

● Time Slider (애니메이션 관련)

● Command Panel

● Viewport (작업 공간)

● Viewport Navigation

Part 02 나만의 3ds Max

처음 3ds Max를 설치하고 나면, 앞으로 잘 지내기 위해 미리 맞춰두어야 할 것들이 있습니다!
3ds Max의 기본 설정 중 몇 가지를 수정해 두면 반복되는 작업에 허비되는 시간과 노력을 아낄 수 있죠. 한마디로 나만의 3ds Max를 만드는 과정이 필요합니다!
아직 3ds Max와 친하지도 않은데 나를 위한 설정을 어떻게 만들어 갈 수 있을까요?

1. 멘토에게 도움을 받는다. 실력 있는 주변인에게 물어보면 OK! 마음씨 좋은 사람이라면 당연히 도와주겠죠? 3ds Max와 빨리 친해지기 위해서라도 실력과 인성을 겸비한 멘토를 찾는 게 좋습니다.

2. 기초를 잘 정리해 둔 초보용 책을 만난다. 정보의 바다라고 하는 웹이 있지만, 그 안에서 원하는 것을 찾기에는 너무 많은 시간을 낭비할 수도 있습니다. 신뢰할 수 있는 정보인지 확인하는 노력이 필요하기도 하며, 웹을 돌아다니다 보면 처음 의도와는 다르게 옆길로 새기도 하죠. 목적에 맞는 책을 잘 선택하는 것도 좋은 방법입니다.

3. 3ds Max와 관련된 숨겨진 보물 사이트를 소개받는다. 주변의 실력자나 선배들에게 평소에 자주 찾는 온라인 사이트를 소개해 달려고 하세요. 그곳에서 부끄러워하지 말고 도움을 요청하는 것입니다. 많은 사람에게 알려지진 않았지만 유용한 곳을 찾아보세요. 벌써 하나는 찾으셨잖아요. JOYCG YouTube!

이제 가장 기본적인 내용부터 알아보려고 합니다

01 Preference [환경설정]

3ds Max를 효율적으로 사용하기 위해서 가장 먼저 해야 할 일은 무엇일까요?
앞으로 사용할 3ds Max의 환경을 나에게 맞게 설정하는 것입니다.
3ds Max를 쓸 줄도 모르는데 어떻게 환경 설정을 하냐고요?
처음부터 모든 것을 알고 시작할 필요도 없고, 복잡하게 생각할 것도 없습니다! 시작하는 지금은 꼭 필요한 몇 가지만 알고 나머지는 3ds Max와 좀 더 친해진 다음에 해도 좋아요!
환경설정을 위해서 Customize Menu〉Preference를 실행합니다.

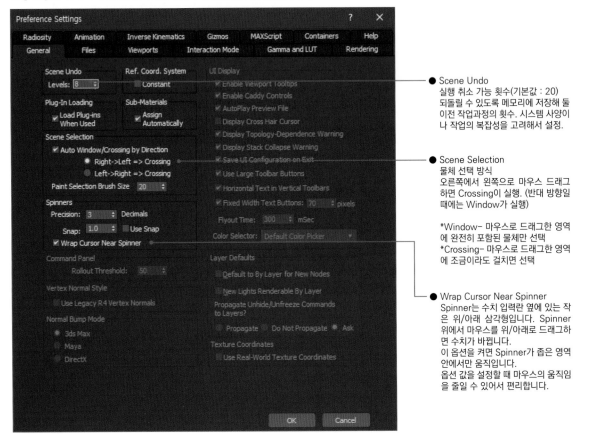

● Scene Undo
실행 취소 가능 횟수(기본값 : 20)
되돌릴 수 있도록 메모리에 저장해 둘 이전 작업과정의 횟수. 시스템 사양이나 작업의 복잡성을 고려해서 설정.

● Scene Selection
물체 선택 방식
오른쪽에서 왼쪽으로 마우스 드래그하면 Crossing이 실행. (반대 방향일 때에는 Window가 실행)

*Window- 마우스로 드래그한 영역에 완전히 포함된 물체만 선택
*Crossing- 마우스로 드래그한 영역에 조금이라도 걸치면 선택

● Wrap Cursor Near Spinner
Spinner는 수치 입력란 옆에 있는 작은 위/아래 삼각형입니다. Spinner 위에서 마우스를 위/아래로 드래그하면 수치가 바뀝니다.
이 옵션을 켜면 Spinner가 좁은 영역 안에서만 움직입니다.
옵션 값을 설정할 때 마우스의 움직임을 줄일 수 있어서 편리합니다.

● Auto Backup
자동저장 파일의 갯수와 시간 간격
완전히 몰입해서 저장도 안 하고 작업한
적, 다들 한 번쯤 있죠? 한참 집중해서 작
업하는데 갑자기 3ds Max가 꺼져버린다
면? 몇 시간 동안 했던 똑같은 작업을 다
시 해야 하는 끔찍한 상황이 된거죠.
3ds Max나 시스템 문제로 장면이 저장
되지 않은 상태에서 프로그램이 종료되는
상황이 종종 있습니다.
이럴 때 Auto Backup된 가장 최근의 저
장 파일을 사용하면 그 단계까지 쉽게 돌
아갈 수 있습니다.

Backup Interval로 자동 저장되는 시간
의 간격을 정해줍니다. (기본값 : 5분)

Auto Backup File Name으로 저장될
파일의 이름도 지정합니다.

작업하고 있는 장면의 파일 용량이 크다면
Backup Interval을 늘려주세요. 대용량
파일은 저장하는 시간이 오래 걸려서 너
무 자주 저장하게 두면 답답하실 거예요.

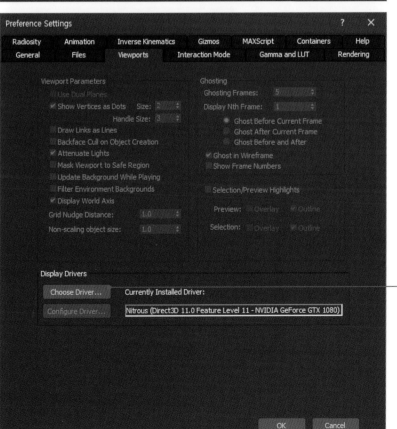

● Display Drivers
현재의 그래픽카드와 Display Driver의
상태를 확인할 수 있습니다.

예전 Driver를 사용하고 싶다면 'Choose
Driver' 버튼을 눌러서 되돌릴 수 있습니
다. 초급자는 기본값을 사용해도 문제없
어요!

02 Snap 설정

3ds Max에서 효율적으로 작업하기 위해 빼놓을 수 없는 기능 중 하나가 Snap입니다.
Snap을 사용하면, 물체나 그 일부를 원하는 위치로 정확하게 이동시킬 수 있습니다.
Snap을 사용하지 않는다면, Viewport를 여러 번 바꾸고 줌인 아웃하면서 원하는 위치로 물체를 움직이기 위해 많은 시간과 노력을 허비해야 합니다.

Snap의 옵션은 여러 개이지만, 그중 2~3가지 옵션만 사용해도 대부분의 작업이 가능합니다.
Snap 기능을 사용하려면 Main Toolbar의 아이콘을 클릭하거나 키보드의 [S] 키를 사용하세요.

Snap의 종류에는 2D, 2.5D, 3D가 있는데, 보통은 2.5D와 3D 옵션을 사용하게 됩니다.

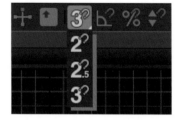

• 2.5D – 평면 View인 Front, Left, Right, Top 등에서 사용
• 3D – Ortho, Perspective, Camera View에서 사용

Snap 아이콘 위에서 마우스 오른쪽 버튼을 클릭하면 오른쪽 그림과 같은 Setting 창이 나옵니다.
자주 사용하는 Snap 옵션을 선택해 줍니다. (Vertex, Midpoint 선택)

• Vertex – 선택된 물체를 Vertex 위치로 이동합니다.
• Midpoint – 선택된 물체를 기준선의 중앙으로 이동합니다.

 ▼ Vertex Snap

▼ Midpoint Snap

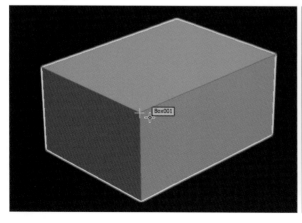

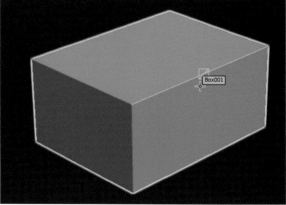

선택된 축으로만 이동할 수 있게 하자!
3ds Max를 구버전에서 최근 버전으로 바꾸고 나면, 선택된 물체를 움직일 때 뭔가 좀 바뀐 것 같다고 느끼게 됩니다. Snap을 사용해서 물체를 이동시킬 때에도 자꾸 원하지 않는 방향으로 움직이는 것 같고요.
물체의 Gizmo에서 X, Y, Z축이 모두 선택되어서 여러 방향으로 움직이기 때문인데요.

물체를 이동시킬 때 선택된 축 방향으로만 움직여야 편하게 작업할 수 있어요.
Grid and Snap Setting 창에서 Options〉 Translation〉 Enable Axis Constraints를 켜고 사용하세요.

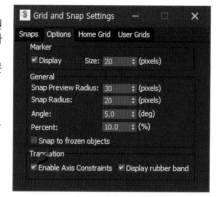

▼ Enable Axis Constraints 옵션이 실행되지 않으면, X축만 선택해서 이동하려고 해도 X, Y, Z축 모든 방향으로 이동됩니다

▼ Enable Axis Constraints 옵션을 사용하면 선택된 X축으로만 물체가 움직입니다. Snap으로 물체 위치를 수정하는 것이 쉬워집니다.

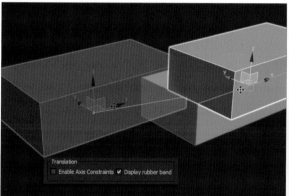

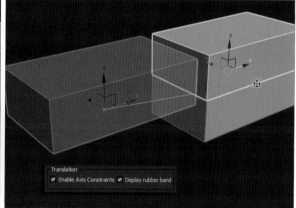

03 Viewport 설정

물체를 만들고 수정하는데 항상 사용하게 되는 Viewport에 대해서 살펴보죠.
모든 Viewport를 같은 값으로 설정할 필요는 없지만, 물체를 만들고 그 형태를 확인하는 과정에 더 효과적인 상태로 만들어 두는 것이 좋습니다. Bounding Box, Edged Faces, Viewport Layout, 기타 설정을 미리 해두는 거죠!

Bounding Box를 사용하면 선택된 물체의 범위를 꺾쇠 표시된 Box 형태로 표시해 주지만, 작업이 복잡해질수록 방해요소가 됩니다. Bounding Box는 [J] 키로 토글됩니다.

▼ Bounding Box가 켜져 있을 때

▼ Bounding Box가 꺼져 있을 때

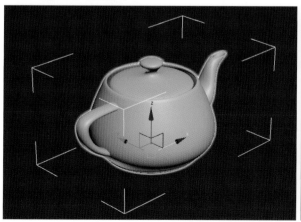

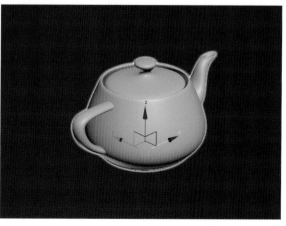

물체에 적용된 Color와 Texture를 확인할 때에는 Shaded mode를 사용합니다. [F3] 키로 Wireframe mode와 토글됩니다.
Shaded mode에서 [F4] 키로 Edged Faces를 켜면 물체를 구성하고 있는 Edge를 같이 볼 수 있습니다.

▼ Shaded mode, Edged Faces = on

▼ Wireframe mode

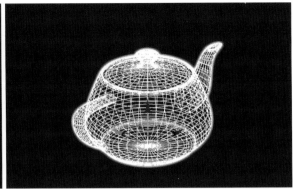

Viewport의 Layout을 바꾸려면 Viewport Navigation 영역 위에서 마우스 오른쪽 버튼을 클릭합니다. Viewport Configuration 창이 열리면 Layout tab에서 원하는 구성과 View를 설정할 수 있습니다.
또는, Viewport 왼쪽에 보이는 Viewport Layout tab에서도 쉽게 설정할 수 있죠. (낮은 버전에서는 볼 수 없어요!)

▼ Viewport Navigation 영역

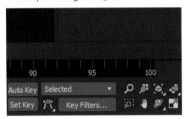

▼ Viewport Layout tab을 이용한 View 설정

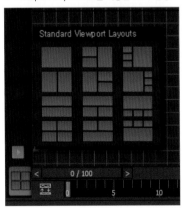

▼ Layout에서 원하는 View의 구성을 선택, 수정

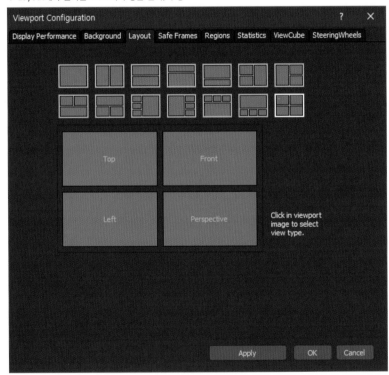

04 단위 설정

앞으로 작업에 사용할 3ds Max의 기본 단위를 설정해야 합니다.
M, cm, mm 등 작업에 주로 사용할 단위를 선택하는 것이죠! 나라마다 주로 사용하는 단위도 다르고, 필요에 따라서 M나 mm를 선택적으로 사용할 수 있지만, 단위가 큰 작업이 아니라면 일반적으로 mm를 사용합니다.

1M는 1,000mm입니다. 앞으로는 주변의 물체를 보면서 치수를 먼저 가늠해 보세요.
관심을 가지고 자주 보다 보면 눈짐작도 꽤 정확해질 수 있습니다. 모델링을 잘하기 위한 좋은 습관 중 하나입니다.

Customize Menu〉Units Setup을 실행해서 단위를 설정할 수
있어요!

Display Unit Scale의 Metric 옵션
을 체크하고 원하는 단위를 선택해
봅니다. 작업에 사용되는 각종 명령
의 수치 입력란 안에 단위가 표시됩
니다. 복잡해 보이기 때문에 대개는
단위가 표시되지 않도록 기본값을 그
대로 사용합니다!

System Unit Setup 버튼을 Click
해서 장면에 사용할 System Unit
Scale을 Millimeters로 수정하고,
OK 버튼으로 설정을 종료합니다.

05 Render 설정

이제는 Modeling 과정 중에도 자주 렌더링해서 확인해 볼 텐데요. 언제나 예쁘게 렌더링하고 싶은 마음이 있죠!

V-Ray?

V-Ray는 렌더링에 사용되는 별도 프로그램입니다. 그냥 3ds Max의 기본 Renderer를 사용해도 되지만, V-Ray Renderer를
사용하면 더 사실적인 렌더링을 할 수 있습니다. V-Ray의 최신버전은 Next(4.3) 입니다.

V-Ray의 Render setting에서 Test Rendering에 필요한 옵션을 미리 설정해두면, 매번 같은 세팅을 해야 하는 소모적인 과정
을 줄일 수 있어서 작업시간을 아낄 수 있습니다. 3ds Max가 시작될 때도, V-Ray 재질과 V-Ray Renderer가 기본적으로 실
행되도록 세팅해두면 좋습니다.

Customize 〉 Custom UI and Defaults Switcher를
실행해서 3ds Max의 기본 환경을 V-Ray로 바꿔줍니다.

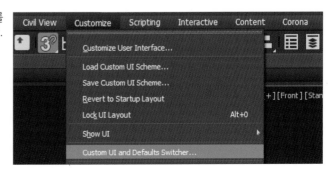

왼쪽 툴 옵션에서 MAX.vray를 선택하고, 오른쪽 UI는 기본 값을 사용합니다. Set 버튼을 클릭하고 종료합니다.

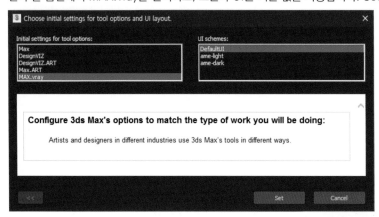

◀ 이렇게 UI를 수정하고 3ds Max를 다시 실행하면 바뀐 UI가 적용됩니다.

중간상태를 점검하기 위한 Test Rendering에는, 빠르게 확인할 수 있도록 최종 렌더링과는 다른 옵션을 사용합니다.

[F10] 키로 Render Setup 창을 열어줍니다.

Rendering될 이미지의 크기를 Common Tab 〉 Common Parameters 〉 Output Size에서 결정해 줍니다.
보통 작업 초반에 Rendering Size를 미리 정하고 작업을 진행하게 됩니다.

V-Ray Tab〉 Image sampler (Antialiasing)의 Type을 Bucket 으로 설정합니다
빠른 렌더링을 위해 Image Filter의 'Image filter' 옵션을 해제합니다.(최종에서는 사용)

Color mapping에서는 장면의 분위기에 맞는 Type을 선택하고 필요할 경우 Type의 multiplier를 조절하기도 하죠!

Sub-pixel mapping과 Clamp output 옵션도 선택합니다.

GI Tab의 옵션을 잘 사용하면 사실적인 렌더링 결과를 얻을 수 있습니다. Test 중에는 이 옵션을 낮은 값으로 사용해서 빠르게 결과를 확인할 수 있도록 합니다.

Primary engine은 Irradiance map으로 바꾸고 Irradiance map의 Current preset은 Custom으로 선택합니다.

Min은 -4, Max는 -2로 낮게 설정하고 Light cache는 기본값을 사용합니다. (V-Ray 버전에 따라서 값이 다를 수 있어요)

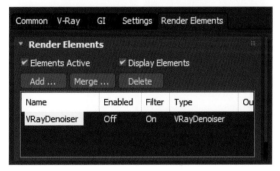

Render Elements Tab의 VRayDenoiser를 사용하는 것도 좋습니다. 낮은 옵션을 사용할 때 생기는 Noise를 감소시켜 줍니다. Noise 제거 효과에 비해 Rendering 시간에 거의 영향을 미치지 않습니다.

다만, VRayDenoiser를 사용하면 Bump가 사용된 재질 느낌도 감소될 수 있다는 점을 유의해서 사용하세요.

Part 03 maxstart.max 만들기

매번 3ds Max를 실행할 때마다, 지금까지 설명했던 것들을 처음부터 다시 설정해야 할까요?
지금 상태에서 3ds Max를 껐다가 다시 실행하면, 물체가 어떻게 보일지, Viewport는 어떻게 보일지, Viewport 설정이나 Render Setup 옵션 등 지금까지 설명했던 것들이 처음으로 돌아갑니다. 나만의 설정이 적용된 상태로 3ds Max가 실행되게 하려면 어떻게 해야 할까요?

3ds Max를 실행하면 필요한 설정들?

앞에서 설명한 대로 설정을 바꿔주셨나요? 그럼, 지금 상태를 maxstart.max라는 이름으로 저장합니다.
앞으로 3ds Max가 실행될 때에는 maxstart.max 파일에 저장된 상태로 시작됩니다.
(지금까지 설명한 설정 내용은 제가 주로 사용하는 것들이니까, 여러분이 초급자를 넘어선 이후에는 여러분만의 설정을 만들어서 사용하면 더 좋겠죠!)

01 장면 저장하기

앞의 과정에서 설정한 상태를 maxstart.max라는 이름으로 저장합니다.
저장위치는 C:\Users\Administrator(사용자이름)\Documents\3dsMax\scenes입니다.

02 확인하기

3ds Max를 종료하고 재시작하면 여러분이 설정한 상태로 3ds Max가 실행되는 것을 확인할 수 있습니다.
Reset 명령을 사용해도 maxstart.max에 저장된 상태로 돌아갑니다!
이제 즐거운 Modeling을 시작할 수 있겠네요!

Part 04 Modeling 형태 파악하기

다양한 형태를 Modeling할 때마다 매번 많은 고민을 하게 됩니다!
물체를 보자마자, 형태를 정확하게 파악하고 어떤 과정을 거쳐서 만들 것인지 생각할 수 있다면 문제없겠죠?
어떻게든 만들 수 있지만, 너무 비효율적인 방법이거나 전혀 접근조차 못 하는 형태라면 어떤가요?
간단해 보이지만 나의 소중한 하루를 소멸시키고 있진 않나요?

Modeling 스트레스?

Modeling하는 과정은 퀴즈를 푸는 것과 비슷합니다.
어떤 명령을 사용할지에 대한 아이디어와, 알고 있는 방법을 변칙적으로 활용할 수 있는 획기적인 잔머리와, 그 생각을 도울 수 있는 Script나 Plugin이 필요하죠!
먼저 물체의 형태를 단순화하고, 그 위에 디테일을 표현하기 위한 가장 빠른 Modeling 방법을 생각해보는 습관을 만드세요.
적어도 3ds Max를 사용하는 동안에는 매우 중요한 과정입니다!
아래에 몇 장의 사진이 있습니다. 여러분이라면 어떤 형태를 이용해서 어떻게 Modeling할지 한번 생각해 보세요.

Part 05   Texture

이 책을 따라하는데 필요한 Texture는 어디서 받아야 할까요?
유료를 구매할 수도 있고 검색을 통해서 이미지를 받아 수정해서 사용하기도 하지만, 연습을 위해 무료로 받을 수 있는 곳이면 더 좋겠죠!

가입이 필요한 곳도 있지만 바로 필요한 Texture, HDRI를 받을 수 있는 곳도 있죠! 꼭 똑 같은 Texture가 아니라도 비슷한 Texture를 구해서 사용해 보세요!

01 https://texturehaven.com

무료로 Scan된 Texture를 받을 수 있습니다. 기부를 받아서 운영되고 목표치 기부가 되면 새로운 Texture가 공개됩니다.

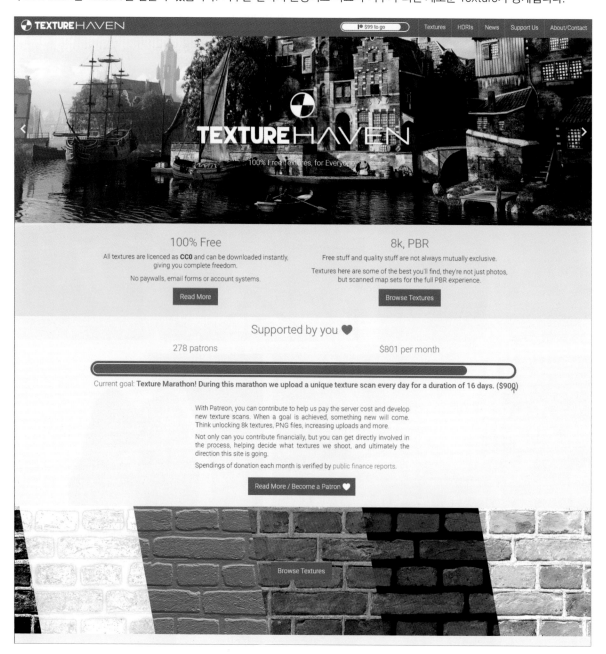

02 https://hdrihaven.com

texturehaven과 같이 운영되는 곳으로 HDRI를 16K 크기까지 받을 수 있습니다.

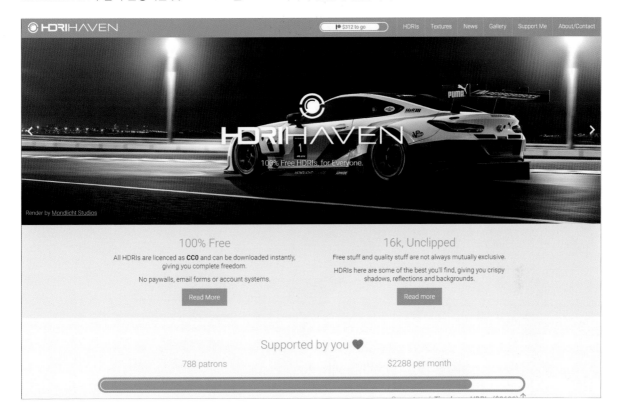

03 https://www.vray-materials.de

분류가 잘되어 있는 VRay 재질을 받을 수 있는 곳으로 가입 후 받을 수 있습니다.

Modeling 따라하기

3ds Max를 시작할 때 가장 처음 접하게 되는 작업 과정이 Modeling입니다. 혹시 Modeliing 때문에 3ds Max와 가까워지는 것이 어렵다고 느끼나요?

처음 볼 때 어색한 사람도 자주 보면 익숙해지고 편안해지는 것처럼, 친해지는 방법은 비슷합니다!

3ds Max를 항상 켜두고 조금씩 익숙해지는 것만으로도 어색함을 줄일 수 있습니다. 쉬운 것부터 직접 만들면서 하나씩 알아가는 재미를 느끼게 되면 점점 더 친해지겠죠.

처음부터 겁먹고 너무 많은 것을 생각할 필요는 없어요!

자주 사용하는 것, 간단한 것부터 만들디보면 자연스럽게 Modeling이 재미있어져요. 아직 3ds Max Modeling이 어렵다면 지금부터 재미있게 시작해 보세요!

재미있게 따라하기

좋은 Modeling 방법을 스스로 떠올리기까지, 여러 형태에 대한 Modeling 과정을 머릿속에서 시뮬레이션 해보는 연습이 필요합니다. 생각한대로 직접 만들어보는 과정을 반복하다보면 손도 빨라지면서 어느 순간 3ds Max가 더 가깝게 느껴질 거예요.

Modeling 생각

Modeling할 물체의 형태를 단순화해서 그 속에 숨어있는 기본 형태를 찾아내고, 어떤 과정으로 Modeling할지를 먼저 생각합니다. 작업 방법이나 순서 때문에 생길 수 있는 문제를 미리 파악해서 피하거나, 새로운 Idea를 찾을 수도 있으니까요!
무조건 만들기 시작하는 것보다는 소중한 시간과 노력을 효율적으로 사용할 수 있겠죠.

그럼, 이제부터 여러가지 물체를 함께 만들면서 익숙해져 볼까요? 재미있는 퀴즈라 생각하고 다가서 보세요!

Part 01 Twist 의자 만들기

Twist 형태의 의자입니다. 시작이니까 간단한 형태부터 재미있게 진행해 볼까요?

01 Box 만들기

Left View에 아무 크기의 Box를 하나 만듭니다. (Modeling에선 물체의 축이 중요하기 때문에 Left View에서 만들었어요.)

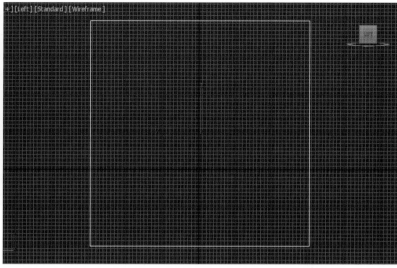

02 Box 옵션 〉 Editable poly

Box의 크기와 Segments를 수정한 후, 물체 위에서 마우스 오른쪽 버튼을 클릭해서 Editable Poly로 Convert합니다.

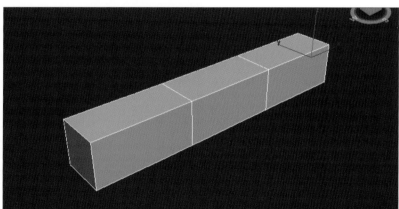

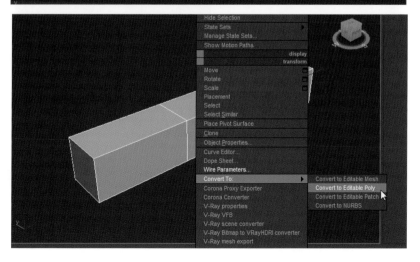

03 Edge 선택

Edge level[숫자키 2]에서 Drag해서 아래 그림과 같이 Edge를 선택합니다.

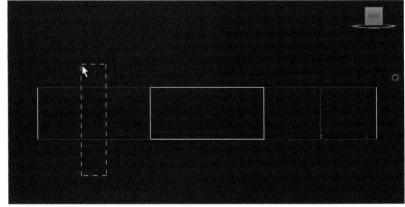

04 Connect 〉 면 나누기

물체 위에서 마우스 오른쪽 버튼을 클릭
해서 Quad menu를 실행합니다.

Connect 명령 옆에 있는 작은 아이콘을
클릭해서 Setting 창을 열고, 옵션에서 3
개의 Segments를 추가합니다

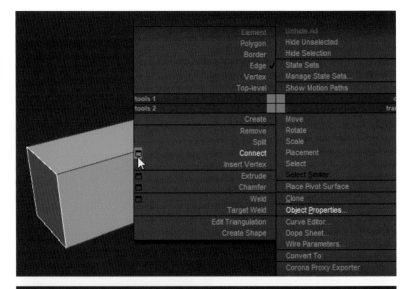

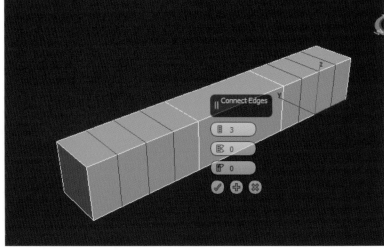

05 지울 Edge 선택

선택된 Edge가 같은 간격으로 등분됩니다. 새로 생긴 Edge 중에서 안쪽 Edge를 제외한 2줄은 다시 선택해서 지워주려고 합니다.

먼저, 지우려고 하는 줄에서 Edge를 하나씩 선택하고, Loop 명령 사용해서 같은 줄의 Edge를 모두 선택합니다.

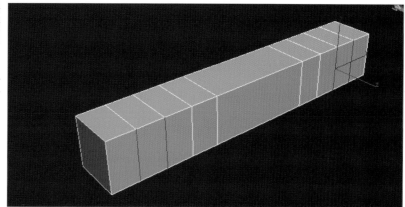

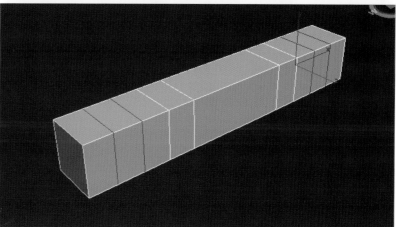

06 Edge 지우기

삭제할 Edge가 모두 선택되었나요? Editable Poly의 Remove 명령어로 선택된 Edge를 지워줍니다. 이때, Edge에 포함된 Vertex를 함께 지우려면? Ctrl 키를 누른 상태로 Remove 명령을 실행합니다.

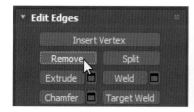

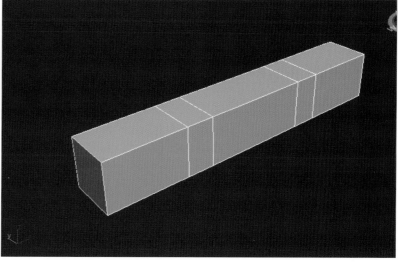

07 Edge 추가

Box의 가운데 부분 Edge를 선택하고, Connect Setting 명령에서 1개의 Segments를 추가합니다. (그냥 Connect 명령어를 사용하면 앞에서 사용한 값인 3이 다시 적용되기 때문에 Connect Setting 명령을 사용해야 해요!)

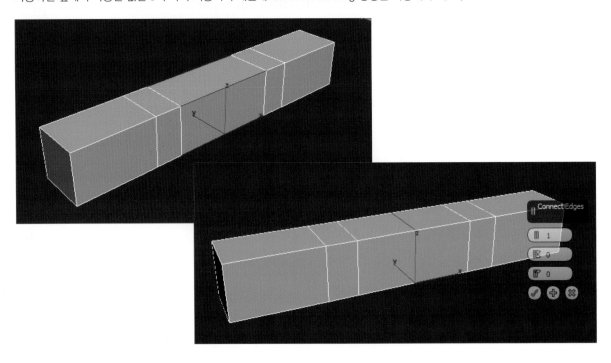

08 Polygon 선택

Front View에서 Polygon level[키보드의 숫자키 4]로 절반에 해당하는 Polygon을 선택합니다.

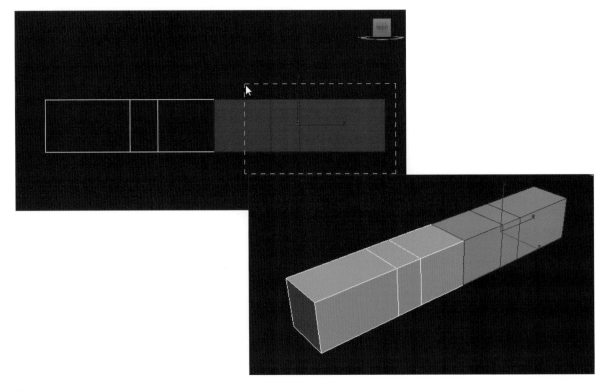

09 Rotate

Left View에서 Angle Snap[단축키 A]을 실행하고, 선택된 면을 Z축 기준 45도 회전합니다.

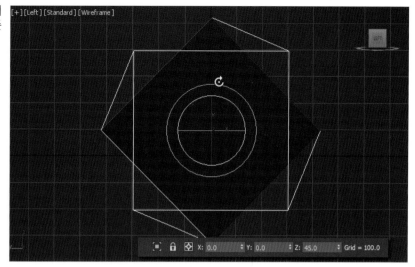

10 선택 〉 회전

다시 Front View에서 오른쪽 2칸에 해당하는 면들만 선택합니다.

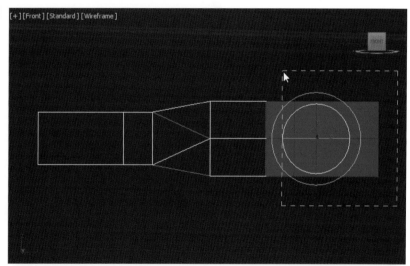

선택된 면을 Left View에서 Z축 기준 45도 회전합니다.

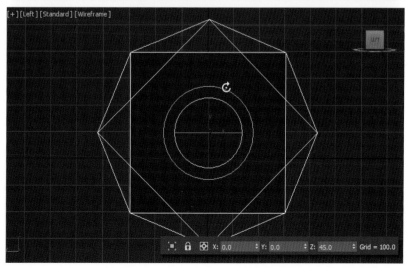

11 Edge 선택

Edge level[키보드의 숫자키 2]에서 중앙의 Edge를 Double Click합니다. Loop 기능이 적용되서 한 번에 선택됩니다.

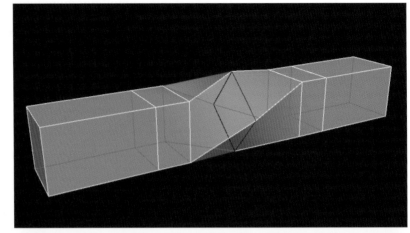

선택된 Edge는 Left View에서 Z축을 기준으로 5도 더 회전시켜 줍니다.

가운데 부분을 5도 정도 더 회전시키면 비틀린 형태가 좀 더 자연스러워집니다.

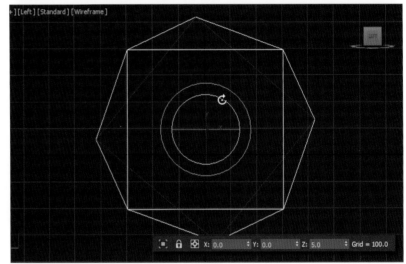

12 Edge Chamfer

Quad menu에서 Chamfer Setting 명령을 실행합니다.
Chamfer된 Edge가 벌어지면서 양쪽 Edge까지 닿을 수 있게 수치를 올려주고, Segments를 4로 해서 면을 나눠 줍니다.

Chamfer하고 난 다음, 선택된 Edge의 위치에는 원래 Edge와 새로 생성된 Edge가 겹쳐 있습니다.

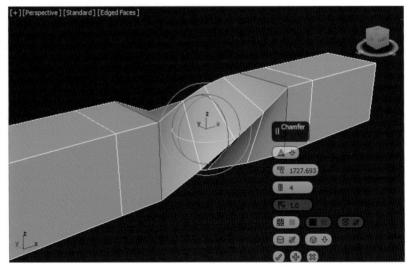

13 Edge Remove

현재 선택된 Edge에 Remove 명령을 사용해서 겹쳐진 Edge를 없애줍니다. (Remove+Ctrl 키)

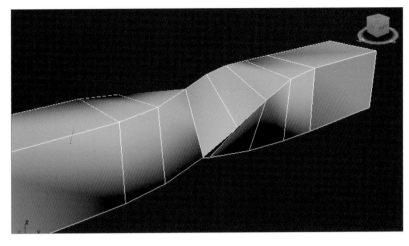

14 Edge 선택 〉 Chamfer

제거한 부분의 Edge를 다시 선택하고, 아까처럼 Chamfer를 적용합니다. Segment는 2로 합니다. 이렇게 하면 선택된 Edge
가 양쪽 줄의 중간 값으로 회전되면서 부드럽게 연결되는 형태가 만들어집니다.

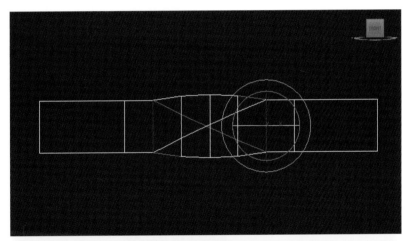

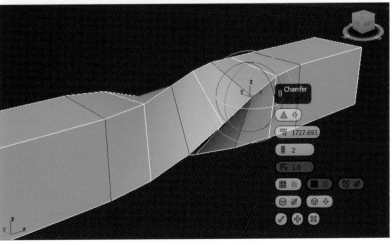

15 Edge Remove

Chamfer 명령으로 생긴 겹쳐진 Edge
를 삭제합니다.
현재 선택된 Edge를 삭제하면서 그에
속한 Vertex도 같이 지워줍니다. (Re-
move+Ctrl 키)

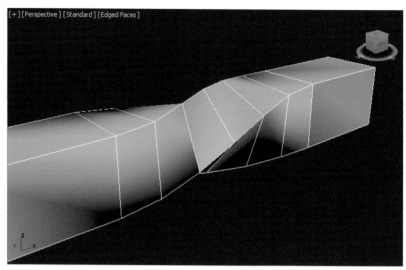

16 Smoothing Groups

Polygon Level [키보드의 숫자 4]에서 모든 Polygon을 선택(Ctrl+A)합니다.
Polygon Smoothing Groups의 Auto Smooth를 실행하면, 45도 이내의 인접한 면은 부드럽게 연결되어 보입니다. 45도 이내
의 인접한 면끼리는 같은 Smoothing Group으로 지정된 것이죠. 1부터 4까지 4개의 Group으로 지정되었네요.

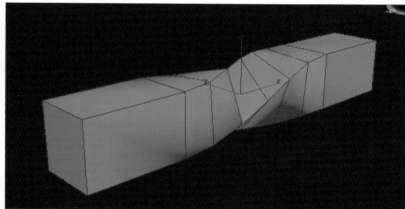

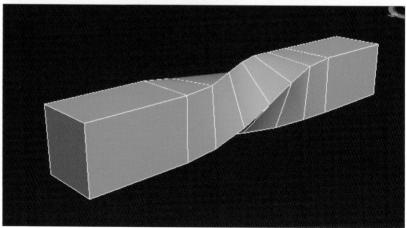

17 TurboSmooth

이제 더 부드러운 형태를 만들기 위해 TurboSmooth modifier를 적용합니다.
TurboSmooth의 기본값을 사용하면 아래의 이미지처럼 물체가 둥근 형태로 변합니다. 원래의 형태를 유지하면서 전체 면을 잘게 나눠줄 수 있으면 좋겠는데요.

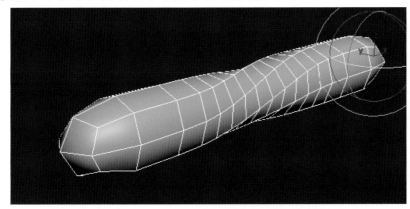

TurboSmooth modifier 옵션에서 Smoothing Groups를 선택합니다.
서로 다른 Smoothing Group의 경계 부분에는 Turbosmooth가 적용되지 않습니다. 기본 형태를 유지하면서 필요한 부분의 면만 나눠주기 때문에 곡선 부분이 부드러워집니다.

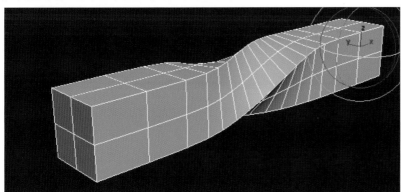

18 Vertex 선택

Front View에서 보면 바닥면 아래로 내려온 Vertex가 있습니다. Modifier Stack에서 Editable Poly의 Vertex level을 선택하고, 아래로 내려온 Vertex만 선택합니다.

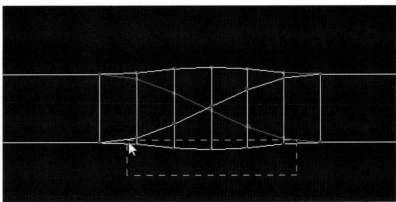

19 Scale 활용

물체의 바닥 면을 평편하게 만들기 위해 우선 선택된 Vertex를 직선으로 만들어야겠죠.
Main toolbar의 Scale 아이콘에서 마우스 오른쪽 버튼을 클릭합니다.
3가지 아이콘 중 Select and Non-uniform Scale을 선택하면 X,Y,Z 각각의 축에 대해 Scale 값을 따로 조절할 수 있습니다.
Scale Transform Type-in 창[F12]이 뜨면 Y축 값을 "0"으로 입력합니다.

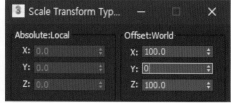

아래의 이미지와 같이 선택된 점이 직선으로 맞춰집니다. (Scale 아이콘은 다시 기본으로 바꿔주세요!)

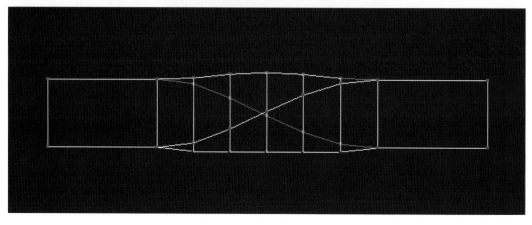

20 Vertex 위치 조절

Snap[S 키]을 이용해서 선택된 점을 물체의 바닥 면에 맞춥니다.

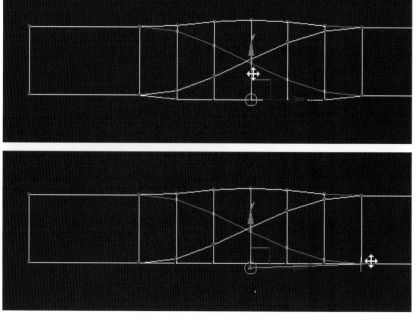

21 Editable Poly

TurboSmooth의 Iterations를 "3"으로 수정합니다.
물체 위에서 마우스 오른쪽 버튼을 클릭해서 Quad menu를 실행하고 아래의 그림과 같이 Editable Poly로 Convert합니다.

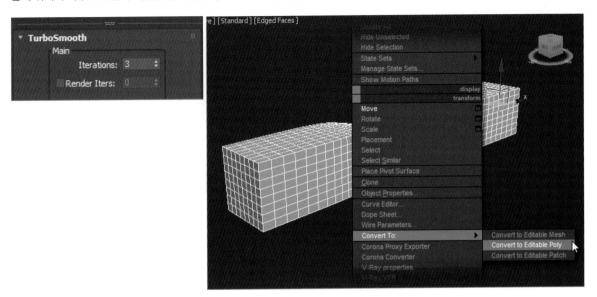

22 모서리만 선택하기

Edge level을 선택하고 Main toolbar 아래 Ribbon에서 Selection 〉 Hard 명령을 실행합니다.

Hard 명령을 사용하면 서로 다른 Smoothing group의 경계선이 Edge로 선택됩니다.

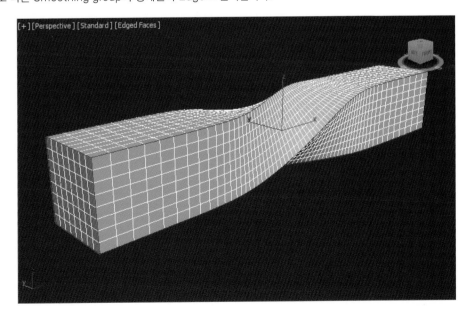

23 Quad Chamfer

선택된 모서리에 Chamfer setting 명령을 적용하고, Type을 Quad Chamfer로 합니다.
나머지 옵션에서 모서리가 둥글게 처리되도록 Segments와 Tension을 수정하고 Smooth Chamfer Only를 선택합니다.

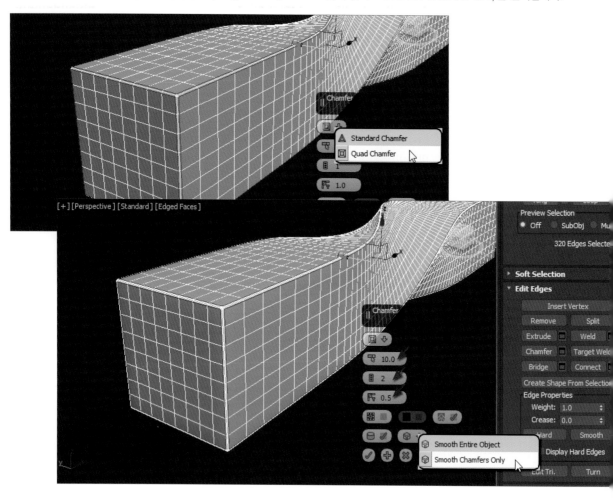

24 모델링 확인

F4키로 물체의 Wire가 보이지 않도록 한 다음, 지금까지 만든 물체의 형태를 확인합니다.

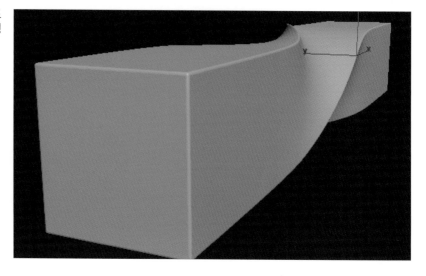

25 바닥 만들기

Top View에서 바닥면으로 사용할 커다란 Plane을 만듭니다.

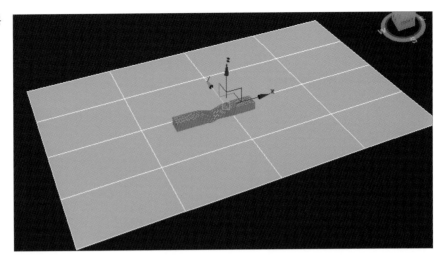

26 정렬하기

우선 Plane을 의자의 밑면에 정확하게 위치시킵니다.
Front View에서 Plane을 선택하고 Align[Alt+A]을 실행합니다. 그다음 기준 물체인 의자를 클릭하면 옵션 창이 나옵니다. Y Position과 Minimum 옵션을 선택하면, Y축 기준으로 의자의 가장 낮은 위치로 Plane이 이동합니다.

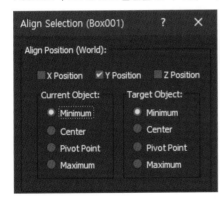

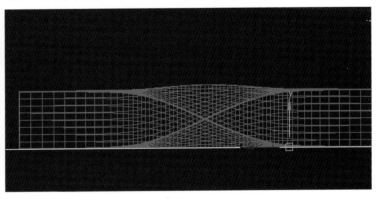

27 FloorGenerator

Plane에 FloorGenerator를 적용해서 타일 바닥을 Modeling합니다.

FloorGenerator는 https://cg-source.com/FloorGenerator 에서 무료버전을 받아 사용할 수 있습니다.
간단한 가입 절차를 거치고 압축파일을 다운받습니다.
압축파일 안에는 3ds Max 버전 별로 *.dlm 파일이 준비되어 있습니다. 컴퓨터에 설치된 3ds Max 버전에 맞는 *.dlm 파일을 복사해서 3ds Max의 Plugins 폴더에 넣어준 후, 3ds Max를 다시 실행합니다.

28 바닥 형태

FloorGeneratior의 옵션을 수정해야겠죠! Max/Min Length의 "L"버튼을 해제해서 Max와 Min값을 다르게 적용하면, 타일의 크기가 불규칙하게 만들어집니다.
Grout Len로 줄눈 크기를 조절하고 Offset 값도 수정해서 여러분이 원하는 느낌을 만들어 보세요!
타일 모양을 정하기 전에는 Extrude와 Bevel 옵션을 꺼두어야 타일이 빨리 만들어집니다.

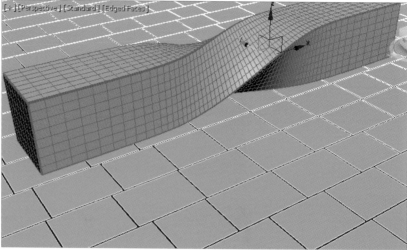

이제 Extrude를 체크해서 두께를 20 정도 줍니다.

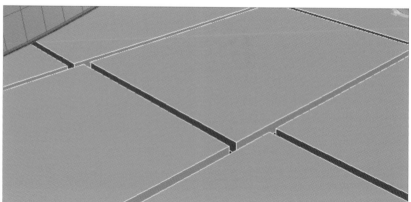

아래의 그림과 같이 옵션을 수정해서 개별 타일마다 불규칙한 움직임을 추가하면 좀 더 자연스럽게 표현됩니다.

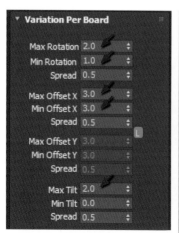
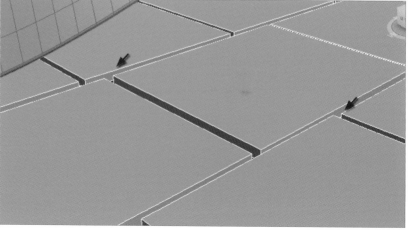

29 위치 정렬

타일에 두께가 적용되었기 때문에, Left View에서 바닥의 위치를 다시 수정합니다.

바닥 타일의 윗면에 의자 바닥을 맞춰줍니다. (앞서 사용한 Align 기능을 활용해 보세요.)

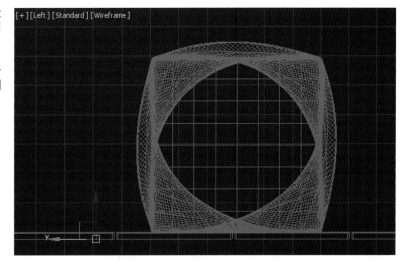

30 같은 자리에 복사하기

지금은 만들어진 바닥 타일의 줄눈 부분이 뚫려 있습니다. 비어 있는 부분을 막아주기 위해, 우선 바닥 물체를 복사합니다.
바닥 물체가 선택된 상태에서 Ctrl+V(복사하기)키로 바닥 물체를 같은 자리에 복사합니다. Object type은 Copy로 설정합니다.

31 형태 수정〉위치

복사된 물체에서 적용된 FloorGenerator modifier를 삭제하고, 아래 그림과 같이 물체의 위치를 수정합니다.

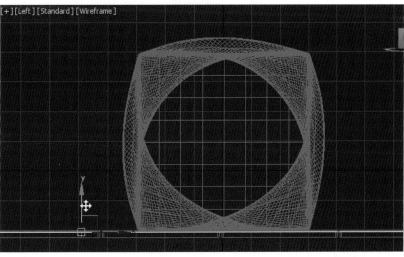

원하는 느낌인지 확인하고 Object Color를 어두운 회색으로 바꿔줍니다.

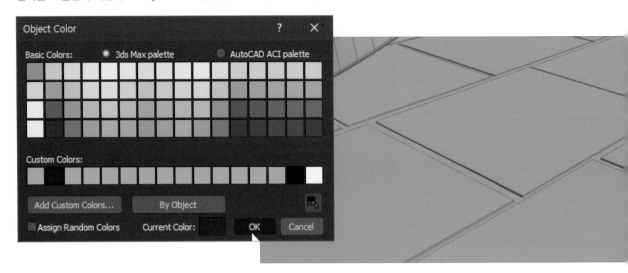

32 Light 만들기

Test Rendering을 위해 Top View에서 VRayLight를 만들고, Left View에서 위치를 조절합니다.

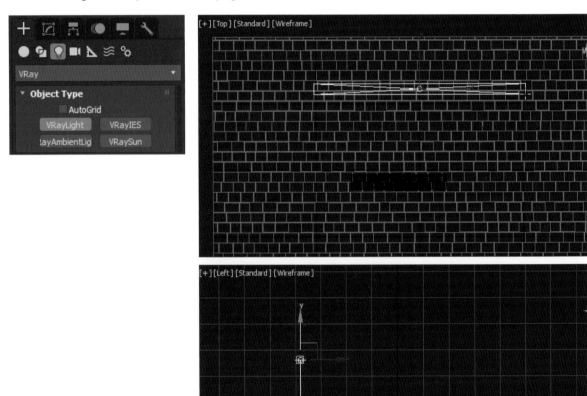

33 Light 복사

Shift 키를 누른 상태로 오른쪽(이쯤에서 물체를 바라보게 될 예정)으로 Drag해서 Light를 복사합니다. Object type을 Instance로 하면, 원본 물체의 수정사항이 복사된 물체에도 그대로 적용됩니다.

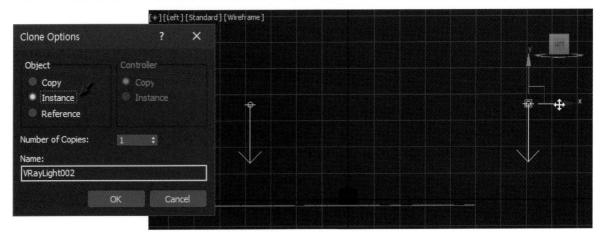

34 Light 옵션 수정하기

장면에는 Camera없이 기본 Light만 만들어진 상태입니다.
그런 환경을 생각해서 Test를 위한 Light의 밝기는 일단 "50"으로 입력합니다.

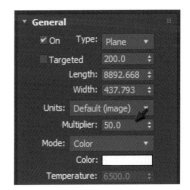

35 Test를 위한 Render 옵션

처음이니까 재질을 입히지 않은 기본 상태를 Rendering해 보려고 해요!
책의 시작에 맞게 부담 없는 진행이죠?

Test를 위한 Render 옵션을 설정해 볼까요.
먼저 Render Size를 정하는 것부터 시작해 봅니다.
개인적으로 Wide한 이미지를 좋아해서 이런 크기를 선택했지만,
여러분은 각자 원하는 크기로 설정해 보세요!

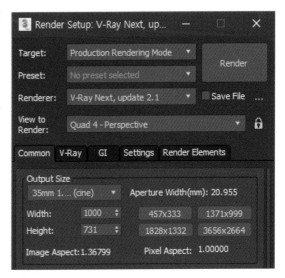

V-Ray tab을 먼저 수정해 볼까요?
Image filter의 Image filter 옵션은 해제합니다. 계산 시간이 좀
필요한 옵션이라 대부분의 Test Rendering에서는 꺼둡니다.

Color mapping의 Type은 장면의 느낌을 어떻게 조절할 것인지에
따라 작업자마다 다른 선택을 합니다.
개인적으로는 Exponential을 선택하고 Dark multiplier와 Bright
multiplier를 조절해 주었습니다.

Sub-pixel mapping, Clamp output 옵션도 체크해 줍니다.

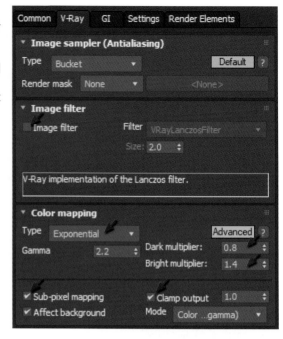

중요한 GI Tab을 살펴볼까요?
Global illumination의 Primary engine은 Irradiance map으로
선택합니다.
Irradiance map의 Preset을 Custom으로 바꾸고 Min rate, Max
rate를 수정합니다.
Light cache는 기본값을 사용할게요!

* 현재 시기의 컴퓨터 사양을 고려한 Test 옵션입니다.

그리고, 꼭 필요한 부분은 아니지만, Render Elements tab에서
VRayDenoiser를 추가합니다.

Rendering 시간을 많이 잡아먹지 않으면서, 낮은 Render 옵션과
부족한 광량 때문에 생기는 Noise를 줄여줍니다.
미세한 Bump를 주로 사용해야 할 경우에는 VRayDenoiser의 세
밀한 조절이 필요합니다.
일단, 기본값으로 사용하세요.

36 Rendering

기본 회색 재질이 조금 심심해 보일 수 있지만, 물체의 형태를 파악하기에는 딱 좋아요!
처음 시작이니까 이 정도로 Rendering하고 다음 Modeling으로 넘어가 볼게요!
여러분은 좀 더 욕심내서 해 보셔도 좋겠죠!

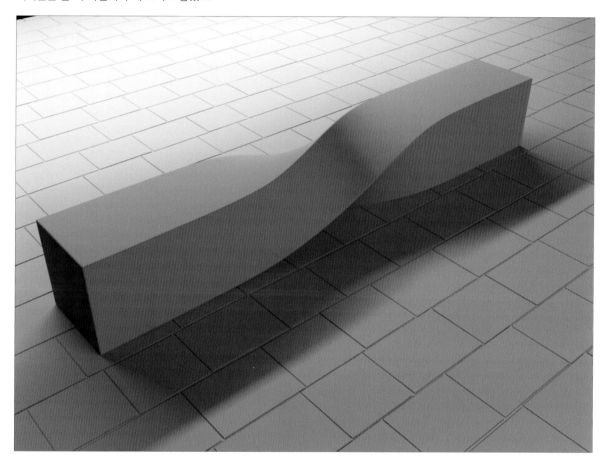

Part 02 Light Box Sign 만들기

이번에는 빈티지 느낌나는 Sign 조명을 만들어 보도록 하죠. 만들어야 하는 형태는 간단하지만, 조명 느낌을 내기 위해 사용되는 재질 설정이 조금 어렵게 느껴질 수도 있겠네요.

01 Texture 받기

Modeling을 시작하기에 앞서, 사실적인 Rendering에 필요한 Texture와 HDRI를 무료로 Download 할 수 있는 곳부터 알아볼게요!
texturehaven[www.texturehaven.com]과 hdrihaven[www.hdrihaven.com]이 있습니다.
사이트의 상단 메뉴에서 서로의 페이지로 이동이 가능합니다. 기부를 받아서 무료로 운영되고 있어요!

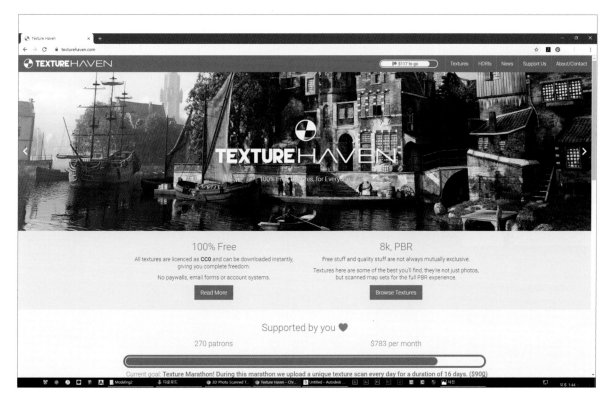

02 Texture 받기

Scan된 8K 크기의 퀄리티 높은 Texture를 다운 받을 수 있어요.
해당 Texture는 AO, Diffuse, Displacement, Normal, Roughness, Rouch Ao로 구성되어 있어서 사실적인 재질 표현을 가능하게 합니다.

03 Box 만들기

Front View에 Box를 만듭니다.

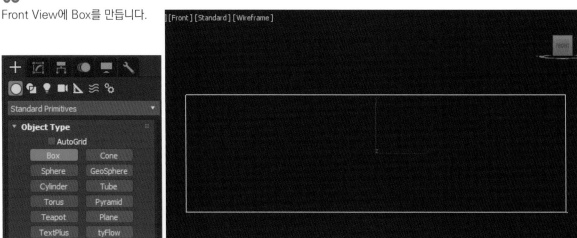

Box의 크기를 조절하고 Editable Poly로 Convert합니다.

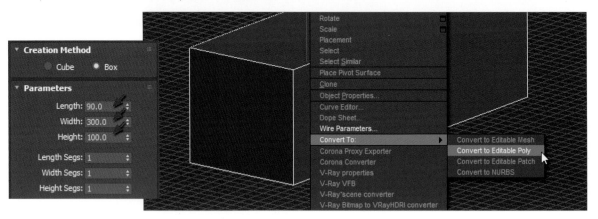

04 Polygon Detach

Polygon level[키보드 숫자키4]에서 앞,뒤 Polygon을 선택하고, Detach 합니다.

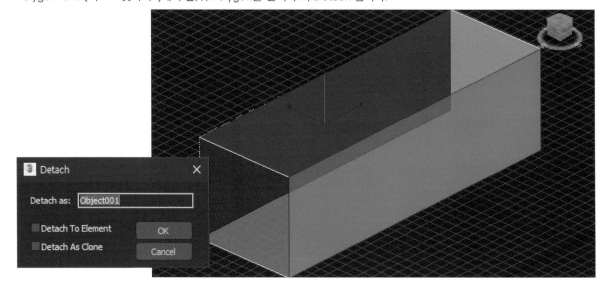

05 Polygon Detach

양쪽 Polygon도 선택해서 Detach로 떼어
냅니다.

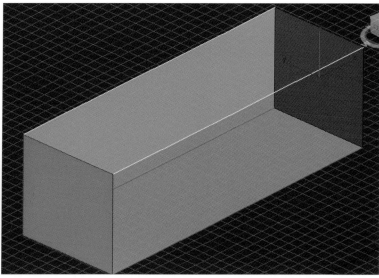

06 Edge Chamfer

Eege level에서 긴 방향 Edge를 모두 선택합니다.
Chamfer를 실행해서 면의 두께만큼 수치를 입력합니다. Open 옵션을 선택하면 Chamfer된 면이 지워집니다.

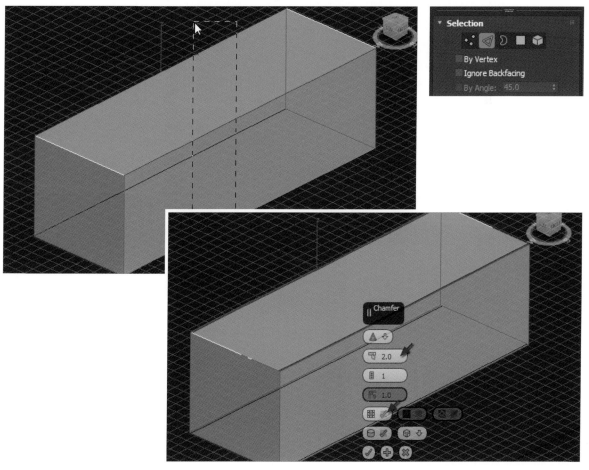

07 Shell

Shell modifier를 적용해서 물체의 면에 두께를 적용합니다.
Select Inner Faces 옵션을 사용해서 두께를 준 안쪽 면이 모두 선택되게 합니다.

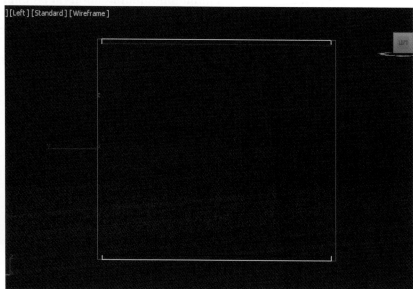

08 면 지우기

Box 물체를 Editable Poly로 Convert
한 다음, Polygon level로 가면 자동으
로 안쪽 면이 선택된 상태가 됩니다.
선택된 면을 삭제합니다.

09 과정 반복

Detach 해 두었던 나머지 물체에도 Shell 명령을 적용하고, Editable Poly로 변환해서 안쪽 Polygon을 삭제합니다.

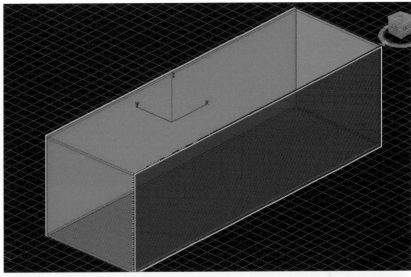

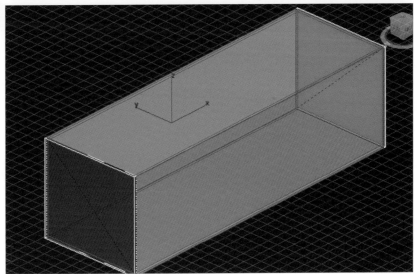

10 Attach로 합치기

Attach 명령을 실행하고 나머지 물체를 클릭해서 하나의 물체로 합쳐줍니다.

11 Text 만들기

Front View에서 Text 명령을 실행해서 "LIGHT" 글자를 만들어 줍니다.

글꼴이 같지 않아도 됩니다. 글씨의 Size와 간격 등을 조절합니다.

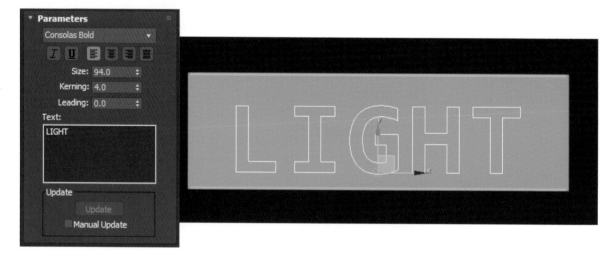

12 정렬하기

글씨가 선택된 상태에서 Align[Alt+A] 명령을 실행하고 Box를 클릭합니다. Box의 X, Y 중심축에 글씨를 정렬시킵니다.

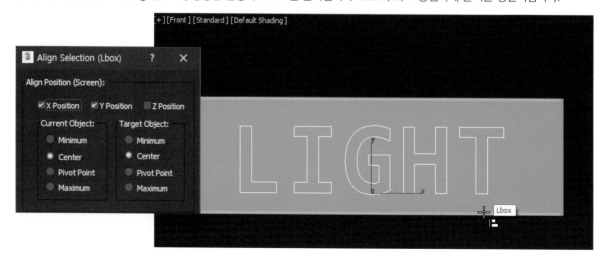

13 Text 위치 조절하기

Orthographic View에서 글씨의 위치를 확인합니다. Front View에서 만들었기 때문에 Y=0인 Box 뒤쪽에 있습니다.
Transform type 아이콘을 눌러서 Offset mode로 바꾸면 입력창은 모두 0이 됩니다. Offset mode는 선택된 물체의 현재 위치를 기준으로 물체를 움직일 때 사용합니다.
Y축 기준으로 Box보다 "0.1" 앞으로 이동시킨 다음, Editable Poly로 변환합니다.

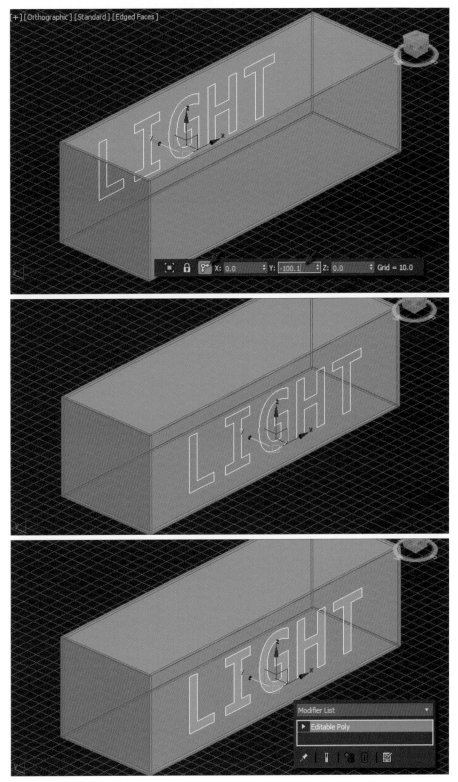

14 Rectangle

Box 안에 전구로 사용될 물체를 만듭니다. 우선 Box 보다 작은 크기의 Rectangle을 만듭니다.

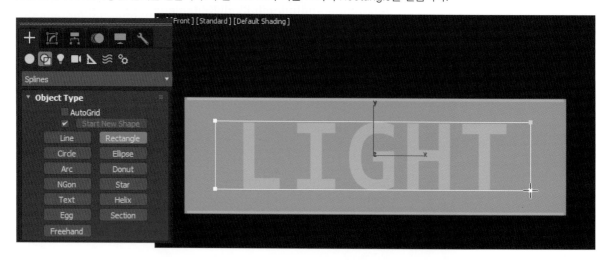

Rectangle의 크기와 형태는 정확하지 않아도 됩니다. 대략 이 정도 크기와 모양으로 조절합니다.

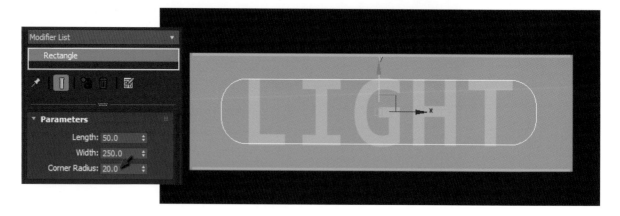

15 전구의 두께 주기

Rectangle을 Editable Spline으로 Convert하고, 두께를 만들기 위해 Modify panel에서 Rendering 옵션을 수정합니다.

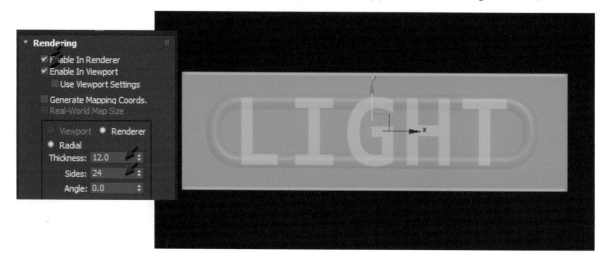

16 위치 이동

Left View에서 전구 물체가 Box 안쪽에 놓이도록 이동시켜 줍니다.

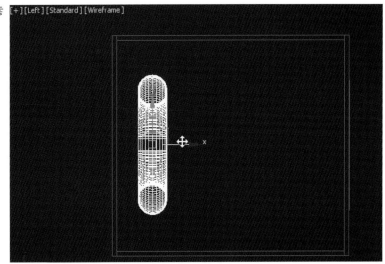

17 Editable poly

만들어진 전구 물체는 Spline입니다.
Mesh light로 사용하기 위해 Editable Poly로 변환합니다.

18 VRayLight

VRayLight의 Type을 Mesh로 설정하고, Viewport의 아무 곳에나 하나 만들어 줍니다.

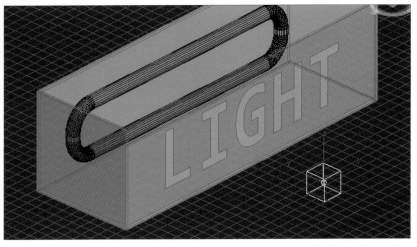

19 Mesh light

Modify panel에서 VRaylight의 Mesh light 옵션에 있는 Pick mesh를 실행합니다.
만들어 둔 전구 물체를 선택하고 Light 밝기와 Color를 수정합니다.

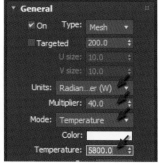

20 전선 만들기

Front View에서 Line 명령으로 전선의 형태를 만들어 줍니다. 부드러운 곡선 형태가 되도록 Initial Type에서 Smooth를 선택
하세요.

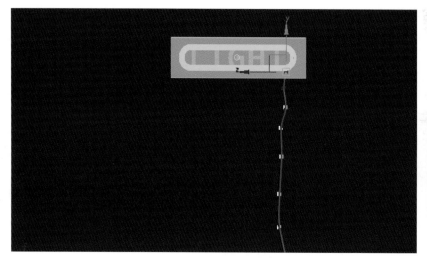

21 두께 주기

Modify panel의 Rendering 옵션에서
전선의 두께를 지정합니다.

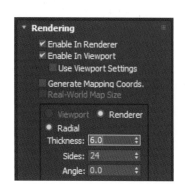
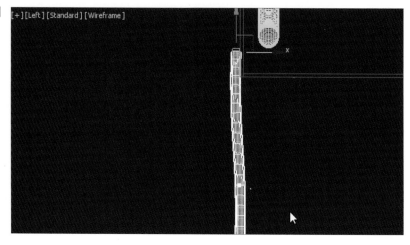

22 Material modifier

Light Box로 사용될 Box 물체를 선택하고 Material modifier를 적용합니다. Material ID는 1로 설정합니다.
Material modifier를 사용하면 각 물체에 재질 ID를 빠르게 적용할 수 있습니다.

23 Material ID 지정

Text와 Line에도 Material modifier를 적용하고, 각각 Material ID를 다르게 지정합니다.

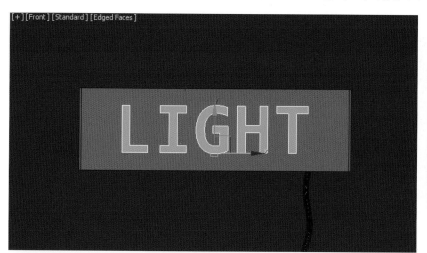

24 Group

전구 물체를 제외한 나머지를 선택하
고 Group으로 만듭니다.

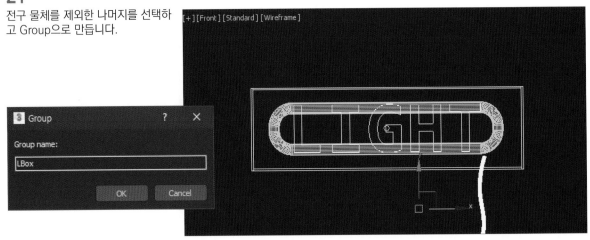

25 벽면 만들기

Front View에서 커다란 Plane을 만듭니다. 벽면으로 사용할 물체입니다.
Top View로 이동하고 물체를 움직여서, 벽면 Plane과 Box에 틈을 만들어 줍니다.

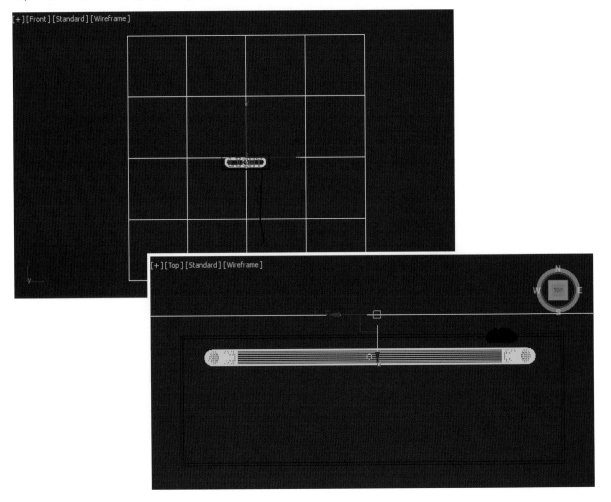

26 Render Option

Render Setup 창[F9]을 열고, Output Size를 결정합니다.
Test Render 옵션은 앞에서 설명한 Twist 의자 예제의 옵션을 사용하세요.

27 View 조절

Safe Frame (Shift+F)을 사용하면, Viewport에서 Rendering될 이미지 비율을 확인할 수 있습니다. 노란색 영역 안쪽이 Rendering될 부분입니다.

Perspective View의 Safe Frame 을 켜고, Viewport를 조절해서 원하는 View로 만들어 줍니다.

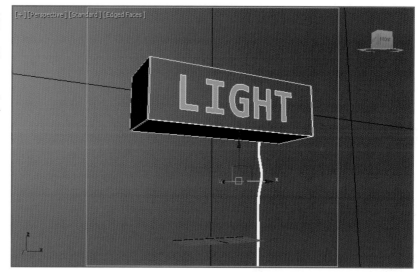

28 Camera 만들기

Ctrl+C 단축키를 사용하면, 현재 Viewport의 View에 맞는 Physical Camera가 자동으로 만들어집니다.
VRayPhysical Camera는 Script를 사용해야 만들어집니다.

29 Dome light

VRayLight를 Dome Type으로 선택하고 Viewport에 만들어 줍니다.

 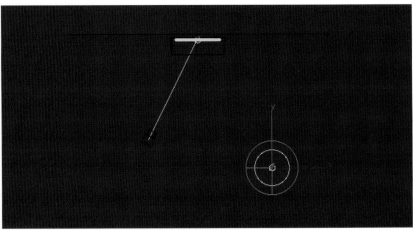

30 Test Render

Light 옵션을 수정하고 Test Rendering 해봅니다.

31 재질 만들기

단축키 M으로 Material Editor를 열고, Multi/Sub-Object material을 재질 View에 추가합니다. (원래 10개의 sub ID 가 생기지만, 저는 5개로 설정해 두었어요.)
sub ID에 연결해 줄 VRayMtl도 하나 추가합니다.

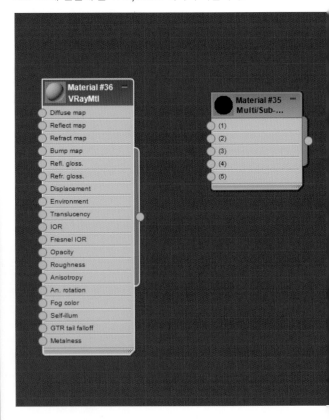

32 재질 준비

재질을 만들기 전, Hide Unused Nodeslots를 실행
해서 재질 Node가 단순해 보이도록 합니다.
이 명령을 사용하면 사용되지 않는 Slot을 숨겨줘서
재질 구조를 빨리 파악하는데 도움이 됩니다.

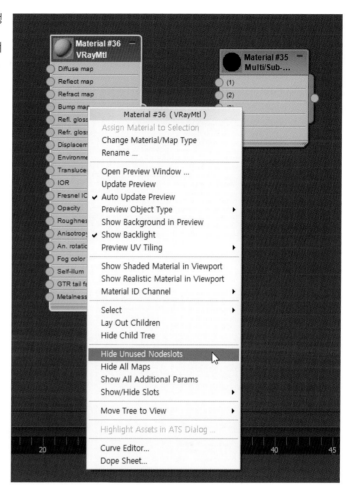

33 재질 연결

장면에는 3개의 재질 ID가 필요하기 때문에 Multi/Sub-Object mateials의 Set Number를 3으로 수정합니다.
앞서 만든 VRayMtl을 Shift+Drag로 복사해서 3개로 만들고, 우선 각각의 ID slot에 연결합니다.

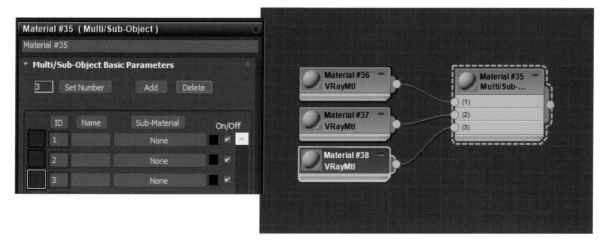

34 ID 1번 - Light Box 재질

빛이 투과하는 반투명 아크릴 재질을 만들어 볼까요.
Light Box의 모서리가 좀 더 어둡게 보이도록 VRayDirt map을 사용합니다.

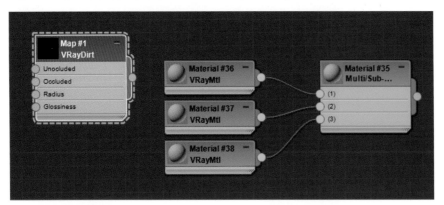

VRayDirt map을 재질 View에 추가하고, 옵션과 Color를 우선 아래와 같이 수정합니다.
Test Rendering할 때, 옵션을 조금씩 수정하면서 장면에 맞는 값을 찾아보세요!

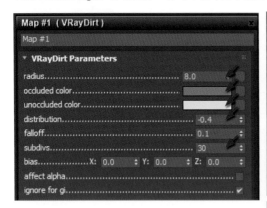

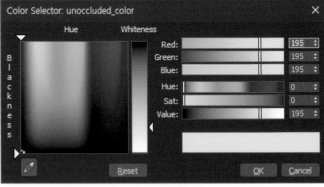

35 VRayDirt

수정된 VRayDirt map을 ID 1 의
VRayMtl 〉 Diffuse map에 연결
합니다.
VRayDirt map의 Unoccluded
Color는 물체 색상을, Occluded
Color는 모서리 색상을 표현합니
다.

아크릴 느낌을 위해 약간의 반사값을 추가해 볼까요. VRayMtl 재질의 Parameter 창을 열고 옵션을 수정합니다. Reflect Color 를 흰색으로 수정하고, Fresnel IOR의 "L" 버튼을 해제한 다음, 플라스틱의 IOR 수치인 1.46을 입력합니다.

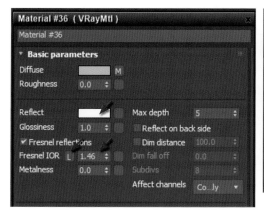
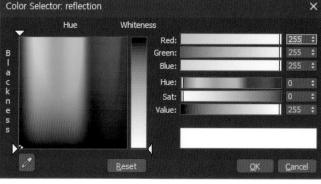

36 VRay2SidedMtl

빛이 투과하는 재질을 표현할 때 VRay2SidedMtl을 사용합니다. 연결된 재질 사이에 끼워넣기 해볼까요.
그림과 같이 연결된 Line 위로 VRay2SidedMtl을 Drag하고, 마우스 커서 모양이 바뀔 때 마우스 버튼을 놓은 다음, frontMtl 옵션을 선택합니다. 원래 있던 재질이 VRay2SidedMtl의 frontMtl slot에 자동 연결됩니다.

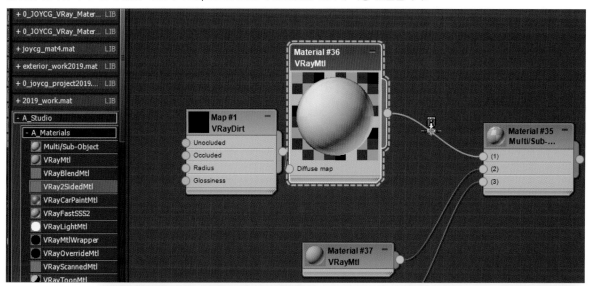
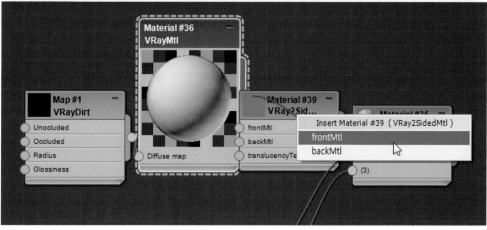

37 ID 2번 – Text 재질

글씨에 사용될 검은색 재질을 만듭니다.

ID 2에 연결해 둔 VRayMtl을 Double Click해서 Parameter 창을 열어줍니다.

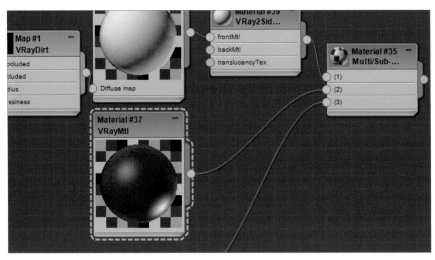

Diffuse Color, Reflect Color를 수정하고 Glossiness를 "0.75"로 조절해서 탁한 반사를 만듭니다.

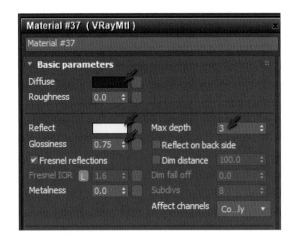

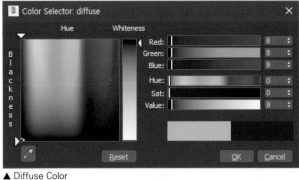

▲ Diffuse Color

▲ Reflect Color

BRDF의 Shader는 Ward를 선택합니다. 반사 느낌이 좀 더 부드럽게 처리됩니다.

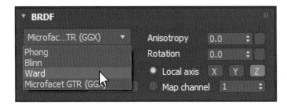

38 ID 3번 – 전선 재질

갈색 전선의 재질을 만듭니다.

ID 3 – VRayMtl의 Parameter 창에서, 부드러운 광을 내도록 반사 옵션을 설정하고, BRDF도 Ward로 선택합니다.

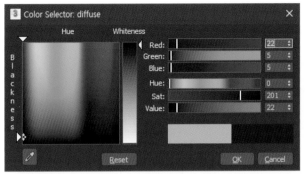

▲ Diffuse Color

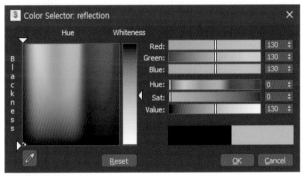

▲ Reflect Color

39 재질 적용 〉 Rendering

장면에서 Group 물체를 선택하고, 재질편집기에서 완성된 Multi/Sub-Object Material을 선택한 후, Assign Material to Selection을 실행합니다.

Test Rendering으로 현재 느낌을 확인합니다.
Light Box가 밝게 빛나지만 주변을 비추는 광량은 좀 부족해 보이네요.

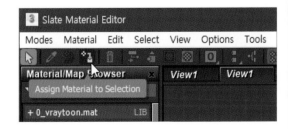

40 Light 수정

Test Rendering을 확인하면서 Light의 밝기나 Color를 수정합니다.

Rendering된 이미지를 보면 내부의 Light가 반투명한 물체를 통과하는 것처럼 보이지만, 지금 주변을 비추는 빛은 Light가 아니라 장면의 GI(간접광)입니다. 간접광은 Light의 직접광에 비해 광량이 부족해서 주변에 Noise를 만들고 그림자를 제대로 표현하지 못합니다. 주변을 밝히기 위한 Light를 따로 만들어야겠죠.

우선 Light의 Modify panel에서 Exclude를 실행합니다. LBox Group을 오른쪽 창으로 이동시키고 Include를 체크해서, 이 Light는 LBox에만 영향을 미치도록 합니다.

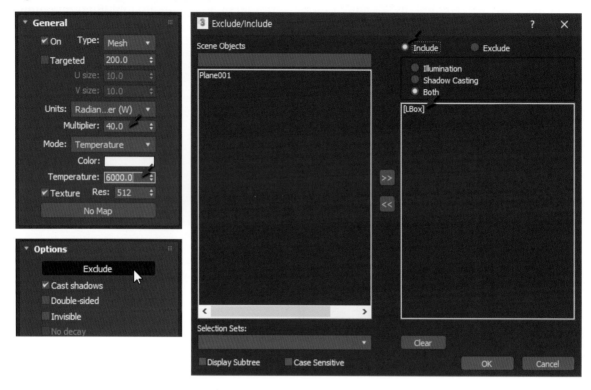

41 Light 복사

Left View에서 Light를 Shift+Drag로 복사합니다. 복사할 때 Copy Type으로 해야 Light option을 따로 조절할 수 있습니다.

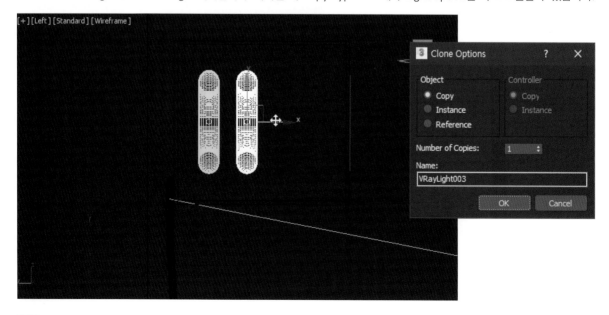

42 Exclude/Include

기존 Light는 VRay2SidedMtl이 적용된 물체만 비추고, 복사된 Light는 그 물체를 제외한 장면 전체를 비추게 합니다.
새로 복사한 Light에서 Exclude를 실행하고, Include 옵션을 Exclude로 바꿔주면 LBox를 제외한 장면 전체를 비추는 조명이
되죠! 복사된 Light의 밝기를 조금 낮추고, 빛의 색상을 Light Color에서 수정합니다.

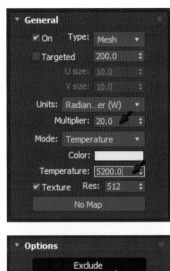

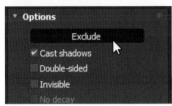

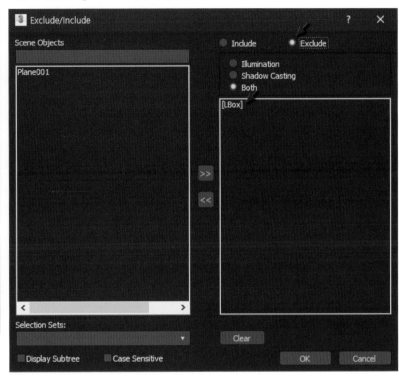

43 Test Rendering

Rendering된 결과를 확인해 봅니다.

주변을 부드러운 빛으로 비추는 광박스 느낌이
제대로 표현되었나요? 이전보다 Noise도 많이
없어졌나요?

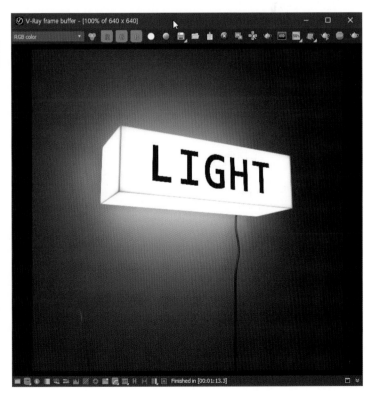

44 전선의 위치 조절

벽면에 Displacement를 활용할 계획입니다. 벽이 튀어나오면서 전선이 묻힐 수 있기 때문에 전선을 벽에서 살짝 떨어뜨려 주세요. Line의 두께도 다시 체크합니다.

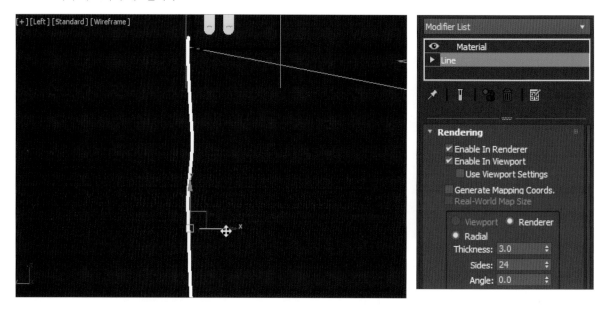

45 벽 재질

벽 재질에는 기본 VRayMtl을 적용하고, Texture Site에서 받은 Stone Texture를 Diffuse에 연결했습니다.
Test Rendering을 해서 수정할 부분이나 추가할 부분을 체크합니다.

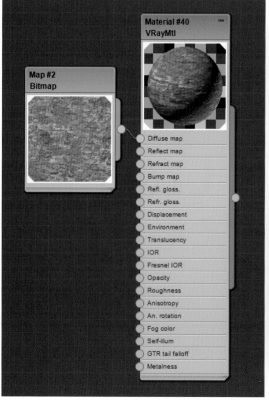

46 실시간 렌더링

Light와 재질을 수정하면서 바로바로 그 결과를 확인할 수 있으면 작업이 빨라지 겠죠.

V-Ray frame buffer의 Start interactive rendering 옵션을 실행합니다.

47 Light 조절

실시간으로 Rendering 결과를 확인하면서, Light Box의 Light와 Dome Light를 수정합니다.

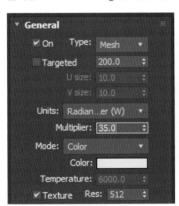
▲ LBox만 비추는 Light 옵션

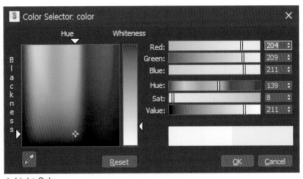
▲ Light Color

▲ Dome Light 옵션

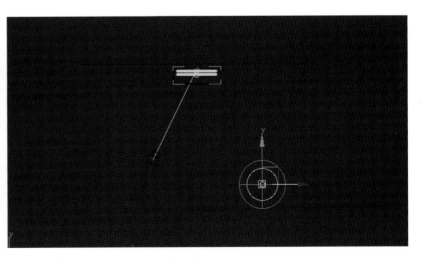

48 Rendering

Interactive rendering으로 빠르게 옵션을 수정하고, 원하는 느낌이 되었다면 Stop으로 멈추고 주전자 아이콘을 클릭해서 Rendering합니다.

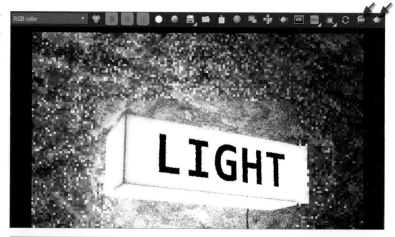

49 벽 재질 수정

Diffuse map에 Composite map을 추가합니다.
현재 Bitmap은 Composite map의 Layer 1에 연결되도록 합니다.

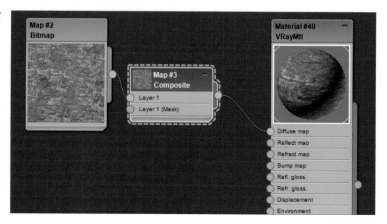

Composite map에서 New Layer를 만듭니다.

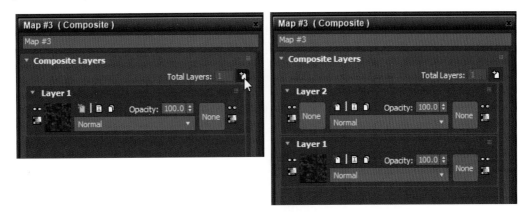

다운받은 AO Texture를 Layer 2에 연결한 후, Multiply 모드로 바꾸고 Opacity는 80으로 수정합니다.

현재 상태를 Rendering으로 확인 ▶

50 벽 재질

벽면이 실제 돌처럼 울퉁불퉁하게 보이도록 Dis-placement 기능을 사용합니다.

다운받은 Texture의 AO Texture와 Displacement Texture를 Mix map으로 섞어줍니다.

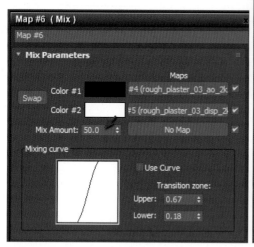

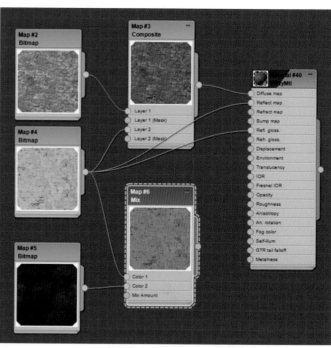

벽 물체에 VRayDisplacementMod modifier를 적용하고, 만들어 둔 Mix map을 Texmap에 사용합니다.
튀어나오는 정도는 Test Rendering을 해보면서 Amount 값으로 조절하세요.

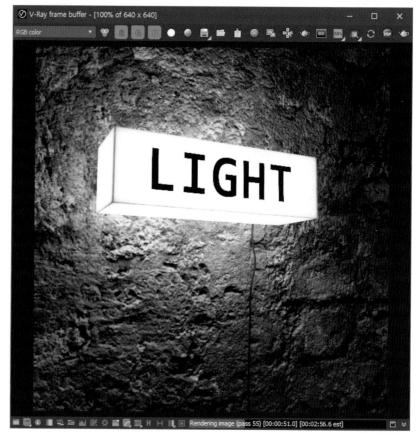

Part 03 Wood Text Sign 만들기

나무로 만들어진 Sign을 Modeling합니다. 레이저커팅으로 원하는 형태를 따낸듯한 형태입니다.

01 Text

이번 예제는 알파벳 한 글자만 사용하는 간단한 장면이
라 쉽게 따라 할 수 있어요!
Shapes의 Text를 실행해서, "K"를 Text란에 입력합니
다. 원하는 Font를 선택하세요.

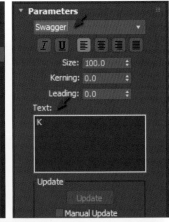

Front View에서 아무 곳이나 Click
합니다.
설정한 대로 "K" Text가 생깁니다.

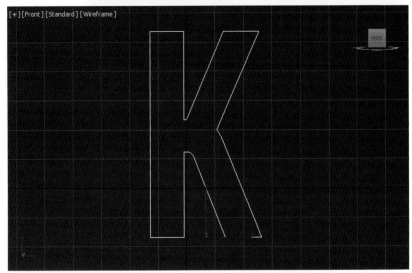

02 Editable Spline

만들어진 Text의 형태를 수정하기 위
해 Editable Spline으로 바꿔줍니다.

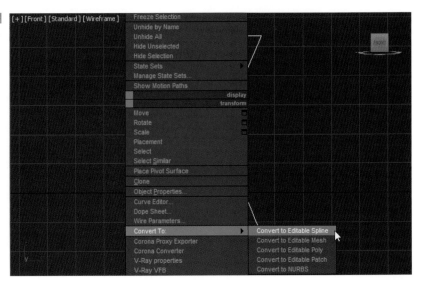

03 형태 수정

K 글자의 가운데 부분을 조금 벌려주려고 합니다.
Vertex level에서 왼쪽 Vertex를 이미지와 같이 선택하고 옆으로 이동합니다.
수정이 완료되면 Sub-object level은 다시 꺼줍니다.

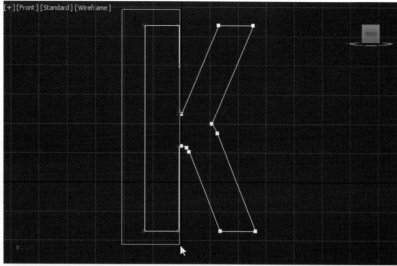

글자 모양대로 구멍 난 판을 만들기 위해, Ctrl+V 단축키로 "K" 글자를 같은 자리에 복사합니다.

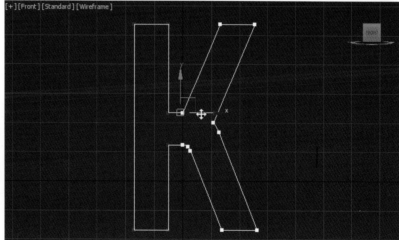

04 Rectangle

Front View에서 글자판의 크기만한 Rectangle을 만듭니다.

05 Attach

복사한 "K" 글자를 선택하고, At-
tach 명령으로 Rectangle과 합쳐
줍니다.

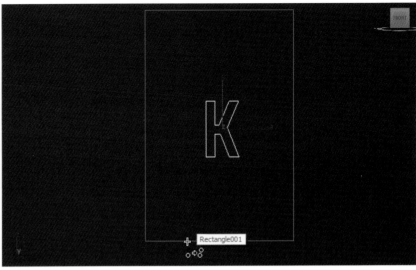

06 Shell로 두께 만들기

Shell modifier를 적용해서 두께를 뒤쪽으로 만들어 줍니다

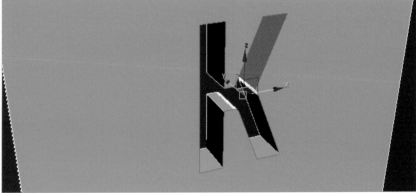

07 Text 선택

이제 "K" 글자를 기울어진 형태로
수정해 볼까요!
"K"를 선택합니다.

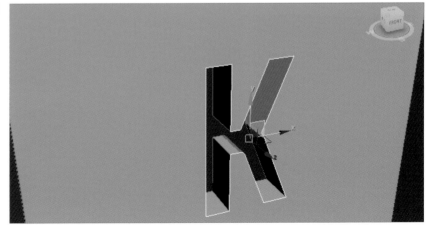

08 FFD

글자에 FFD 2x2x2 modifier를 적용한 다
음, Control Points를 움직여서 형태를 수정
합니다.
Left View에서 글자의 위쪽 Point를 선택하
고 X축 방향으로 움직여서 글자가 앞으로 기울
어진 형태를 만듭니다.

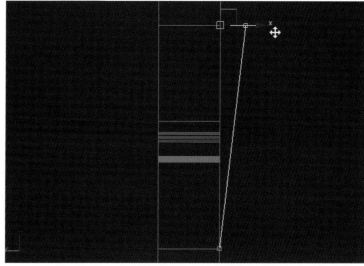

09 위치 조절

Editable Poly로 Convert합니다.

글자의 가운데를 기준으로 위는 튀어나오고 아
래는 들어간 형태가 되도록 글자의 위치를 옮
겨줍니다.

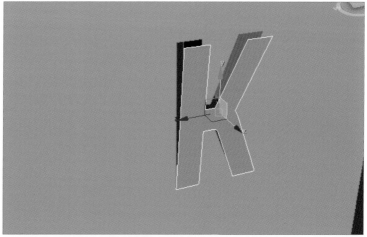

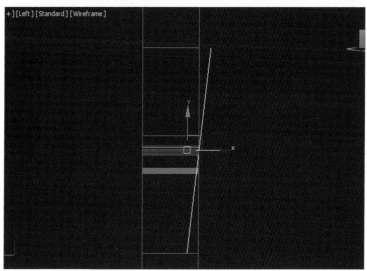

10 기울어진 Text 두께주기

Border level에서 글씨의 테두리를 선택합니다

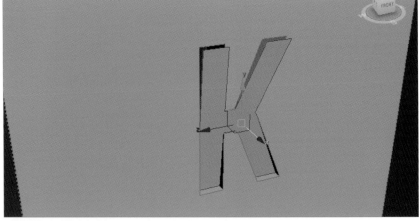

Left View에서 선택된 Border를 뒷쪽으로 Shift+Drag하면 글씨의 두께가 만들어집니다.

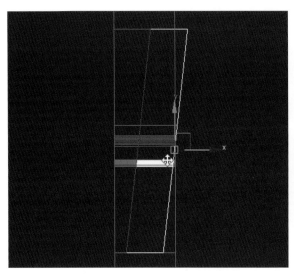

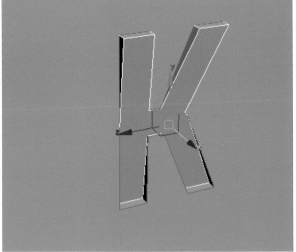

11 Inset 명령

Polygon level에서 글자 앞면을 선택하고, Inset 명령을 실행합니다. 꺾인 부분의 형태가 망가지지 않는지 확인하면서 Inset합니다.

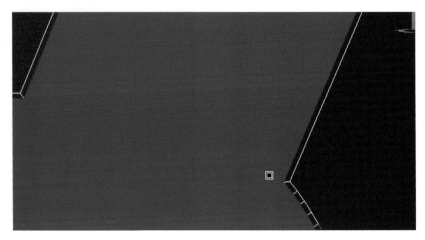

12 Edge 선택

글씨의 앞쪽 모서리가 부드럽게 보이
도록 Chamfer를 적용할 건데요.

우선 Chamfer를 적용할 Edge를 선
택합니다. 원하는 Edge 위에서 Dou-
ble Click하면 연결된 Edge가 모두
선택됩니다. 앞선 과정에서 앞면을
Inset했기 때문에 가능한 거죠!

Chamfer[Quad Chamfer] 명령으로
모서리를 둥글게 만들어 줍니다.

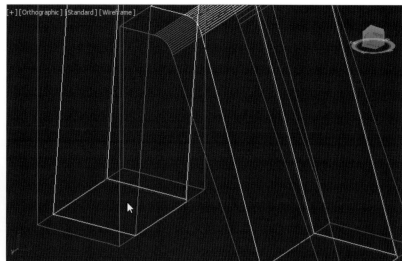

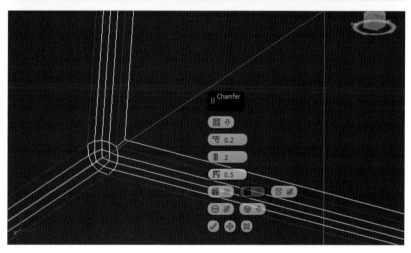

13 Light 만들기

Left View에 VRayLight를 기본값으
로 만듭니다.

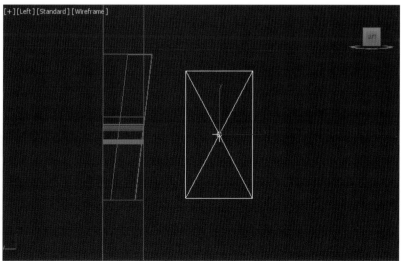

14 Light 위치

Modify panel에서 VRayLight의 Targeted 옵션을 켜고, Light 위치를 아래 그림과 같이 수정합니다.

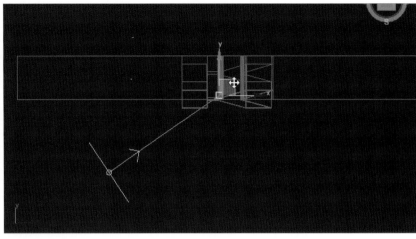

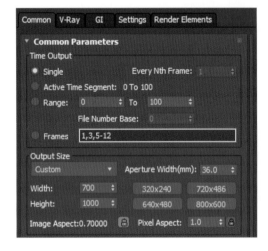

15 Render Size

Render Setup 창 [F10]을 열고 Render Size를 결정합니다.
Rendering 옵션은 앞에서 설정한 Test Render 옵션과 같아요.

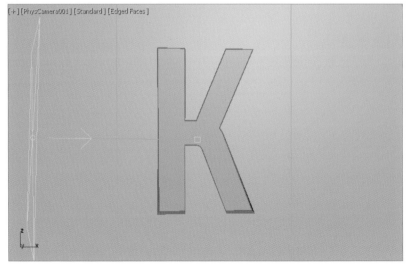

16 Camera View

Shift+F[Safe Frame] 단축키를 사용해서 Rendering Image의 비율을 Viewport에서 확인합니다.
Perspective View에서 원하는 카메라 각도를 만듭니다.
Ctrl+C 단축키를 사용해서 현재의 카메라 각도를 유지한 Physical Camera를 장면에 만들어줍니다.

17 Camera 옵션

Physical Camera의 Shutter Type을 1/seconds으로 수정하고 Duration은 50으로 수정합니다.
Exposure의 Install Exposure Control을 실행하고, ISO는100으로, White Balance는 Custom으로 설정합니다.

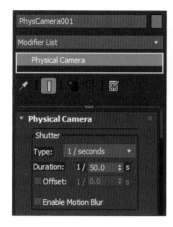

18 Test Rendering

Camera View를 Rendering해서 느낌을 확인하고
Light의 위치를 조절합니다.
물체의 형태는 잘 만들어졌네요.

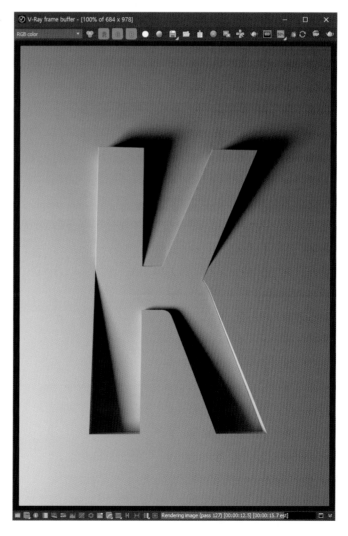

19 Mapping 좌표 지정

2개의 물체를 모두 선택하고 UVW Map을 적용합니다.
Mapping Type은 Box로 선택하고 높이와 길이, 폭을 모두 같은 값으로 만듭니다.

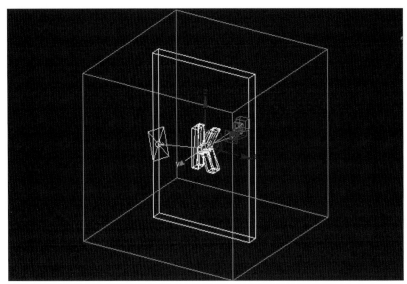

20 Texture 찾기

사용할 Texture를 찾기 위해 Google 검색을 사용하는 것도 좋습니다. 검색 결과에서 딱 맞는 Texture를 찾을 수 없다면, Color
보다는 패턴이 비슷한 Texture를 구하는 것이 좋습니다. 원하는 Color로 수정하기가 더 쉽기 때문이죠.

장면에 사용할 Texture를 구할 수 있는 무료 Site에는 "Textures.com"도 있습니다. 무료 사용자는 Texture의 크기와 개수(하
루 15개)가 제한됩니다. 최근에는 3D Scan Texture, 3D Scan Object도 올라오고 있는 곳이죠. 다운로드를 위해 가입은 필수!

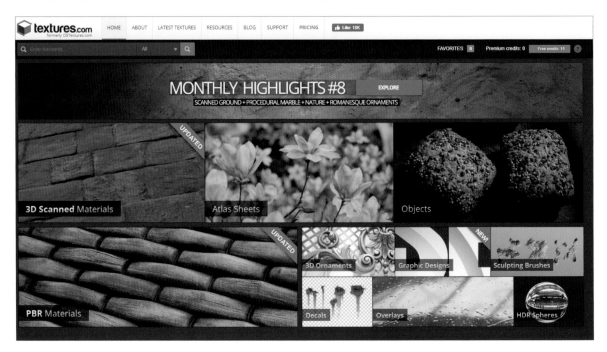

21 Google 검색

Google의 이미지 검색을 활용해 볼까요!
원하는 이미지와 비슷한 자료를 찾고, 장면에 사용할 수 있도록 수정해서 사용합니다.

검색 키워드를 잘 입력하면 원하는 결과를 더 빨리 찾을 수 있습니다.
단정한 무늬의 Wood Texture를 찾기 위해 검색어를 입력합니다.

검색 결과에서 이미지 검색 페이지로 이동하고, 도구를 선택해서 큰 사이즈의 이미지만 보이도록 합니다.

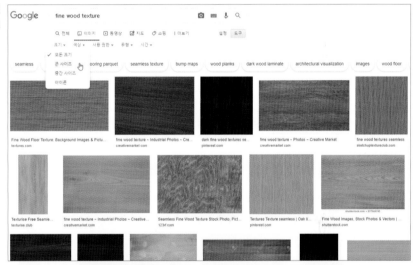

대부분의 경우에는 딱 맞는 Texture가 단박에 찾아지지 않아요.

일단, 여러분이 생각하던 Wood와 비슷한 이미지가 있는지 확인합니다.
색상보다는 패턴 위주로 찾습니다. 나뭇결 느낌이 가장 비슷한 이미지를 찾는 거죠!

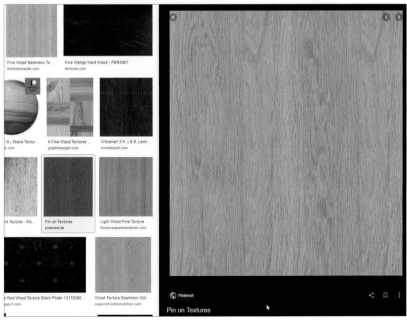

22 이미지 저장

어느 정도 비슷한 Texture를 발견했다면 이미지를 크게 해서 확인한 다음, 마우스 우클릭으로 이미지를 복사합니다.

23 Photoshop

Photoshop을 열어서 이미지를 수정해 볼까요?
Ctrl+N 단축키를 사용해서 새 파일을 만듭니다. 앞에서 복사해둔 이미지와 같은 크기의 파일이 만들어집니다. 만들어진 파일에 Ctrl+V 단축키를 실행해서 붙여넣기 합니다.

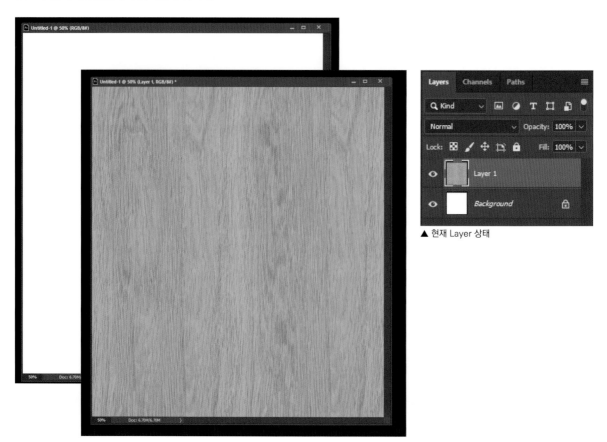

▲ 현재 Layer 상태

24 Image 수정

Color 수정을 위해 Hue/Saturation[Ctrl+U]을 조절하고, Curve[Ctrl+M]로 밝기를 조절합니다.

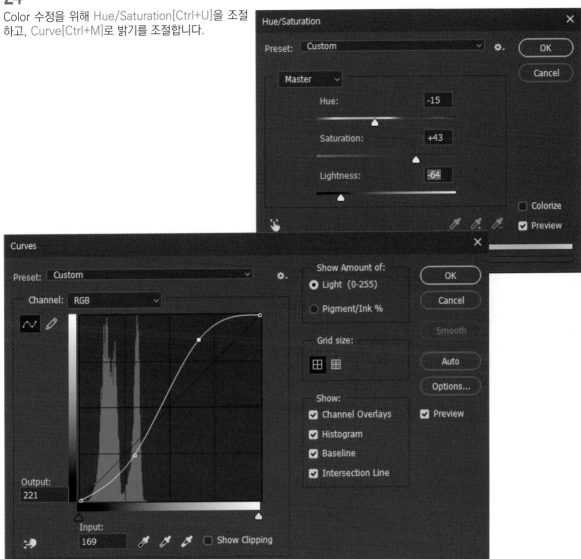

25 Layer 복사

이미지의 Color와 느낌이 어느 정도 조절되면, 현재 Layer를 복사[Ctrl+J]합니다.

26 이미지 수정

Shift+Ctrl+L[Auto Tone]로 나뭇결이 잘 보이게 하고, Shift+Ctrl+U[Desaturate]로 흑백으로 만듭니다.
이 Layer를 Soft Light로 모드로 수정하고 Opacity를 30 정도만 줍니다. 나뭇결이 더 명확해졌죠.

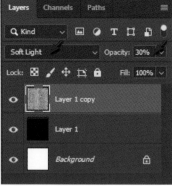

▲ 현재 Layer 상태

27 Layer 합치기

만들어진 Texture를 확인하고 더 수정할 부분이 있다
면 수정합니다.

Layer를 모두 선택하고, Ctrl+E [Merge Layers] 단
축키를 사용해서 모든 Layer를 하나로 합쳐줍니다.

28 Reflect에 사용할 이미지

지금까지 만든 이미지를 우선 저장합니다.

이제 Reflect나 Reflect gloss에 사용될 흑백 이미
지를 만듭니다.
현재 Layer를 복사(Ctrl+J)해서 새로운 Layer를 만들
고, 흑백 이미지(Shift+Ctrl+U)로 바꿔줍니다.

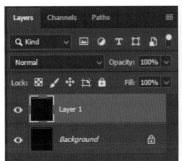

Curve(Ctrl+M)로 Layer의 밝기와 대비를 조절하고 이미지
를 저장합니다.

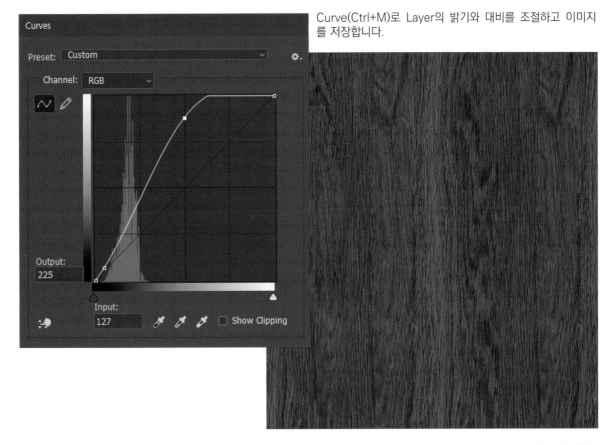

29 재질 만들기

Materials Editor[M]를 열고, 재질 View에 VRayMtl 재질을 추가합니다. 앞서 만든 Texture를 VRayMtl의 Diffuse와 Reflect 에 각각 연결해 줍니다. Reflect map에는 Color Correction map을 적용해서 반사 강도를 조절합니다. 연결된 Color Correction map을 Shift+Drag로 복사해서 Reflect gloss에도 연결해 줍니다.

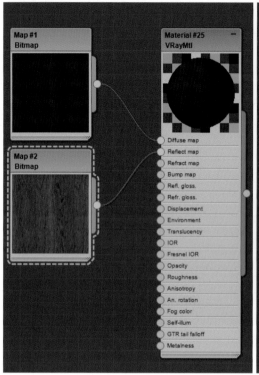
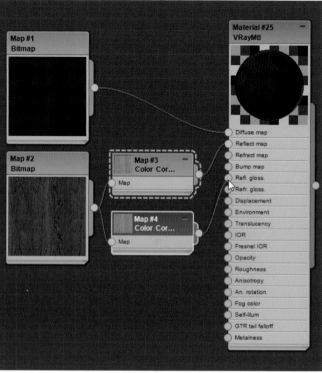

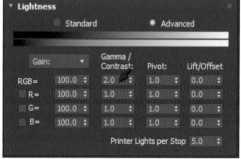

▲ Reflect map의 Color Correction

Reflect map에 연결된 Color Correction에서 이미지의 밝기 값을 바꿔 서 반사 강도를 조절할 수 있습니다.
Lightness를 Advanced로 선택하고 Gamma 값을 조절합니다.

▲ Refl gloss의 Color Correction

Refl gloss에 연결된 Color Correction에서도 Gamma 값을 조절해서 반사 이미지가 부드럽게 표현되도록 합니다.

30 Bump

흑백 Texture를 Shift+Drag로 복사하고, Bump map
에 연결합니다.
Texture의 Blur를 "0.5"로 수정해서 살짝 날카로운 느
낌이 만들어지도록 하고, Bump Map Amount에 "2"
를 입력해서 Bump 효과를 약간만 추가합니다.

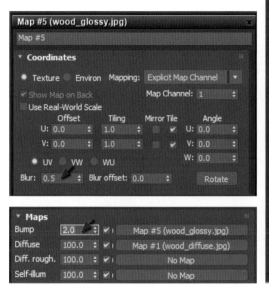

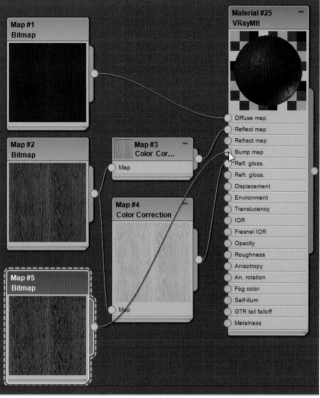

31 Diffuse Color

Light나 주변 환경의 영향 때문에 사용된 Texture가 그대로 Rendering되지는 않아요. Diffuse map에 연결된 Texture에도
Color Correction map을 추가하고 Test Rendering을 해보면서 재질의 색상이나 밝기를 조금씩 수정해주세요.
Saturation(채도)을 조금 낮추고 Gamma를 이용해서 밝기를 조금 밝게 조절했습니다.

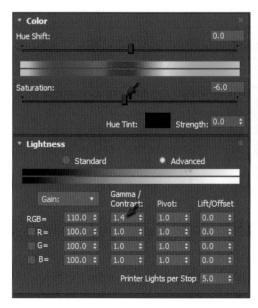

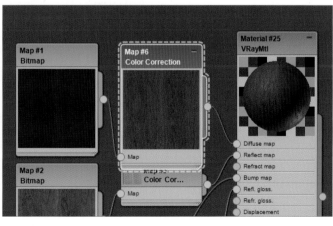

32 VRayBlendMtl

만들어진 Wood 재질이 너무 CG처럼 보이지 않게 약간의 효과를 추가합니다.
VRayBlendMtl을 사용해서 기존 재질에 탁한 느낌을 살짝 덧씌워주면, 자연스럽고 사실적인 느낌을 줄 수 있습니다.

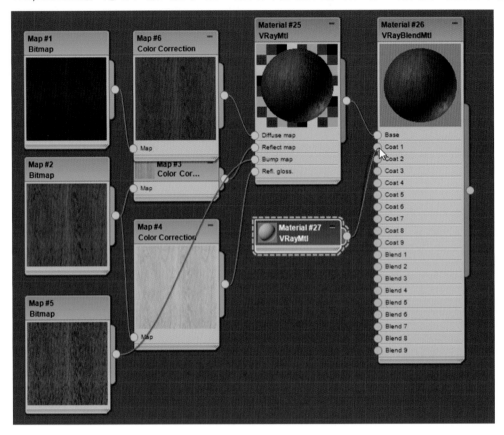

Blend amount 색상을 아래 그림과 같이 수정합니다. 9/255% 만큼 회색의 VRayMtl 재질이 덧씌워진 느낌을 만듭니다.

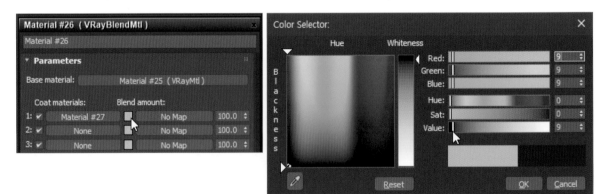

적용된 재질을 Viewport에서 볼 수 있도록, Show Shaded Material in Viewport 버튼을 켜줍니다.

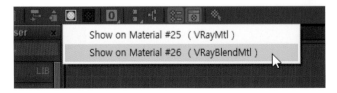

33 Texture 확인

이제 Viewport에서 물체에 적용된 재
질의 나뭇결 패턴을 확인할 수 있습니
다.

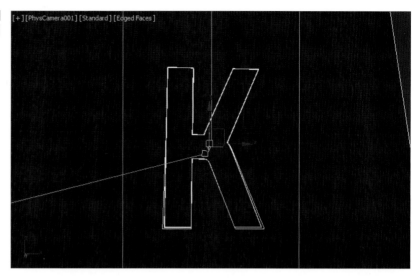

34 Mapping 수정

나뭇결 크기를 조절하기 위해, 두 물
체에 적용된 UVW Map의 Size를 수
정합니다.

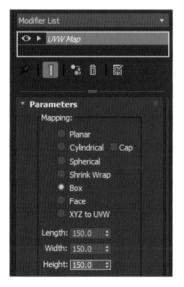

UVW Map Gizmo의 위치와 방향을
물체에 맞게 각각 조절해줍니다.

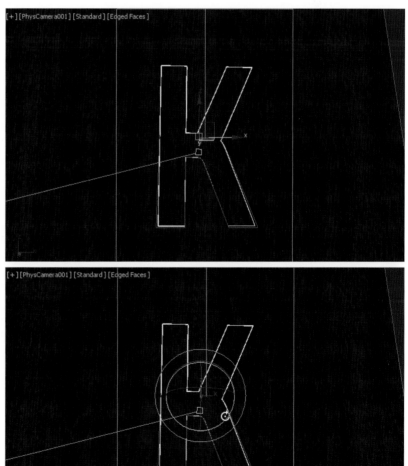

35 Test Rendering

Interactive Rendering 모드에서 빠르게 조명, 재질 등을 손보고, 최종 Rendering을 진행합니다.

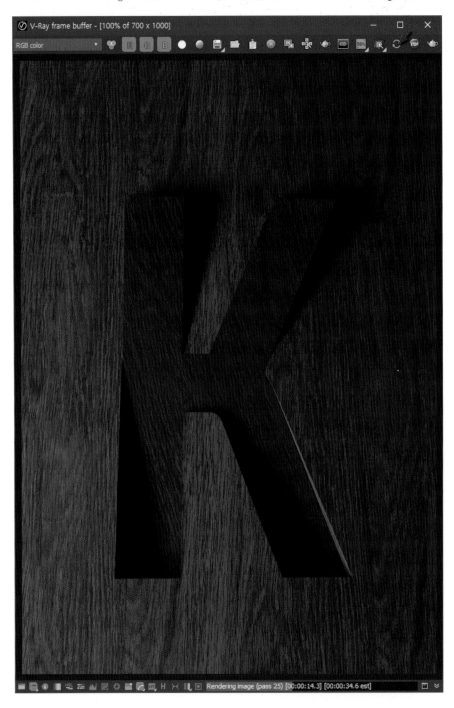

Part 04 Table Lamp 만들기

심플하고 컬러가 예쁜 Table Lamp를 Modeling 해볼까요?

01 자료 찾기

Modeling 작업 전에는 자료 검색이 필수
입니다.
특정 제품을 Modeling할 때, 제품의 크기
나 형태를 참고할만한 자료를 많이 확보하
는 것이 만족스런 결과에 도움이 됩니다.

Google에서 "flowerpot vp4"로 검색하
면 이 조명에 관련된 많은 이미지를 찾을
수 있습니다.

자료위치 – https://bit.ly/2PkHv9g

02 자료 받기

제품 Design 페이지에는 Modeling을 위해 참고할 수 있는 자료들이 많이 있습니다. 다양한 이미지와 Materials 정보를 얻을
수 있고, CAD file도 받을 수 있습니다.

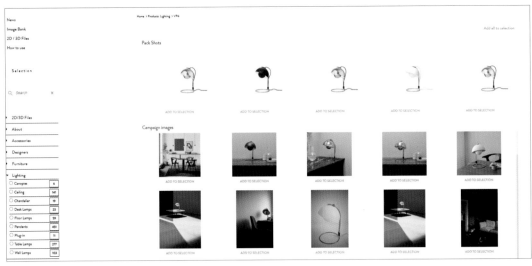

03 Sphere 만들기

Top View에서 Sphere를 만들고, Radius(반지름)를 조절합니다.

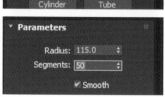

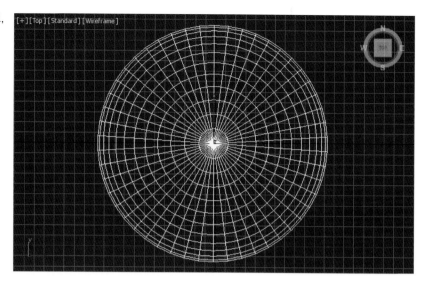

04 Circle 만들기

Top View에서 Circle을 만들고, Radius(반지름)를 조절합니다

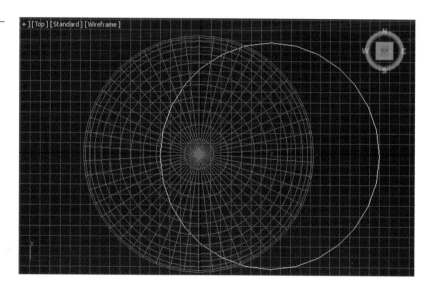

05 Align

Circle이 선택된 상태에서, Align[Alt+A] 명령을 실행하고 Sphere를 클릭합니다.

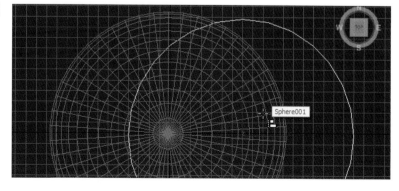

06 위치 이동

Align으로 두 물체의 X, Y축 Center를 맞추고, Circle만 X축으로 14mm 정도 이동시켜 줍니다.

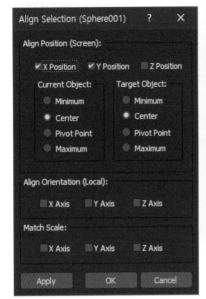
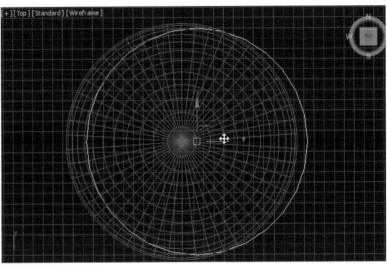

07 Sphere 위치

Perspective나 Orthographic View에서 Sphere를 선택하고, Offset Mode에서 Z축 방향으로 240을 입력해서 올려줍니다.

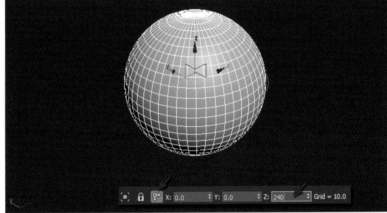
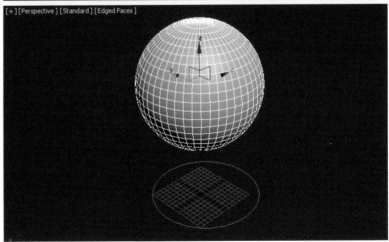

08 Sphere 복사

Sphere가 선택된 상태에서 Ctrl+V로 복사하고, 복사된 Sphere의 반지름을 수정한 후, Editable Poly로 만듭니다.

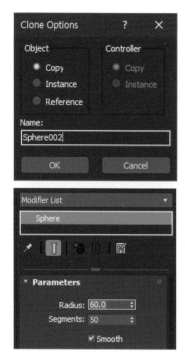

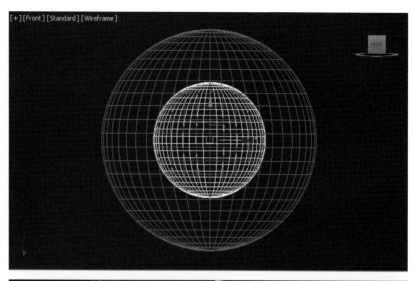

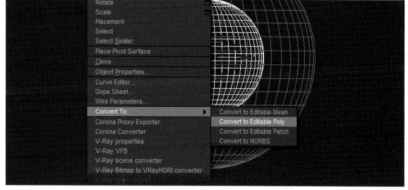

09 Polygon 선택

Front View로 이동합니다. Polygon level에서 물체의 위쪽 절반을 선택하고 Delete합니다.

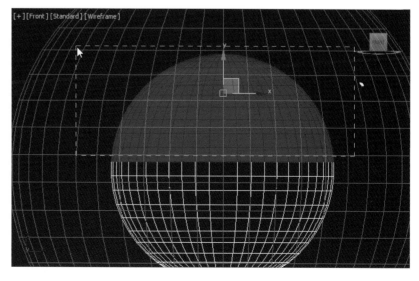

10 큰 Sphere 수정

큰 Sphere도 Edatble Poly로 Convert하고, Ribbon > Modeling > Swift Loop 명령으로 한가운데 Edge를 추가합니다.

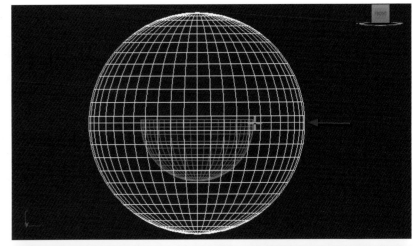

새로 추가된 Edge만 선택된 상태입니다. Split으로 Edge 위치에서 잘라줍니다.

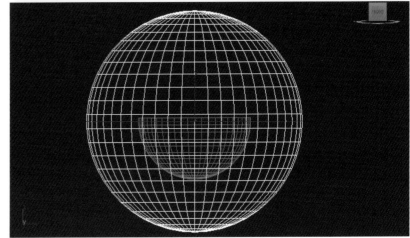

11 Element 삭제

Element level에서 분리된 아래쪽 부분을 선택하고 지웁니다.

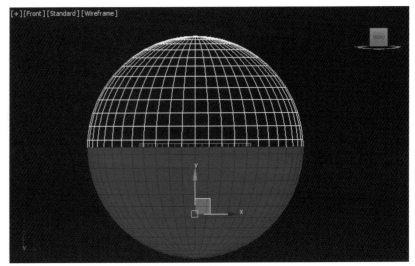

12 작은 Sphere 이동

Front View에서 안쪽 물체를 선택하고, Y축 방향으로 18만큼 올려줍니다.

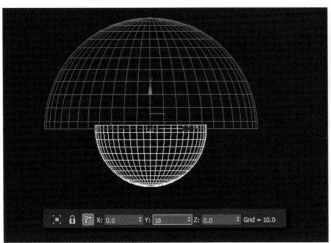
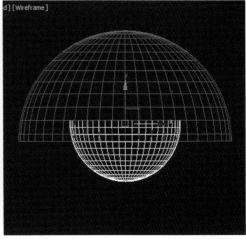

13 Polygon 복사

큰 Sphere를 선택하고, 아래 이미지와 같이 위쪽 Polygon을 선택합니다.

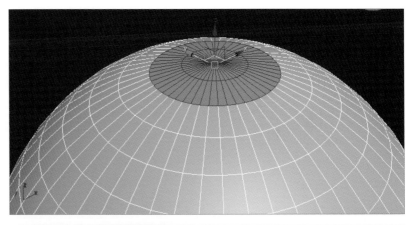

Front View로 이동합니다.
선택된 Polygon을 Shfit+Drag로 복
사해서 다른 Object로 만듭니다.

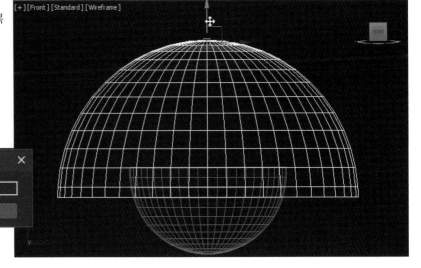

14 떼어낸 물체 선택

떼어낸 물체를 선택합니다.

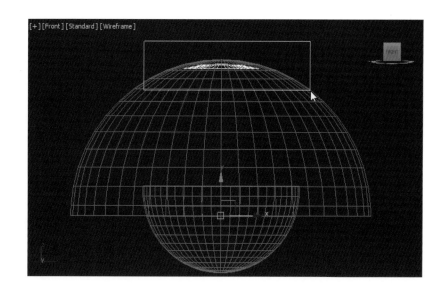

15 모양 만들기

Swift Loop 명령으로 새로운 Edge
를 추가합니다.

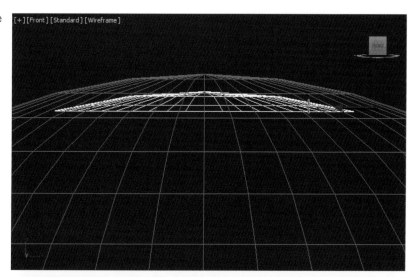

Border level에서 바깥쪽 테두리를
선택하고, Y축 방향으로 내려서 모양
을 만듭니다.

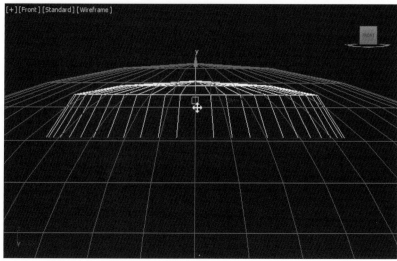

16 Shell

전구의 소켓 부분이라 잘 안 보이지만, 기본 형태만 만들어 둡니다. Shell modifier를 적용해서 두께를 줍니다.

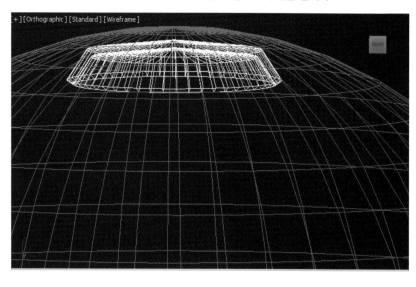

17 Polygon Select

물체 안쪽의 가운데 Vertex를 선택한 다음, Ctrl 키를 누른채 Polygon 아이콘을 클릭하면 인접한 Polygon이 모두 선택됩니다.

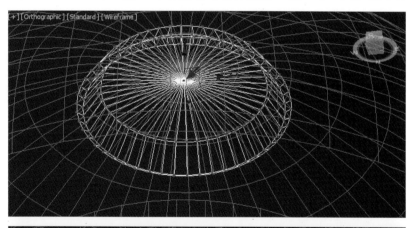

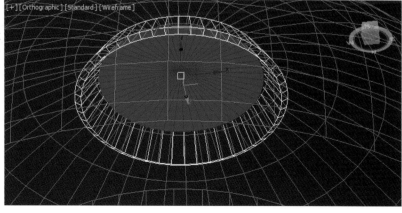

18 Inset

마우스 오른쪽 버튼을 클릭해서 나오는 Quad Menu에서 Inset을 실행하고, 선택된 면을 안쪽으로 조금 Inset합니다.

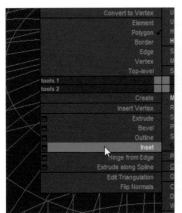
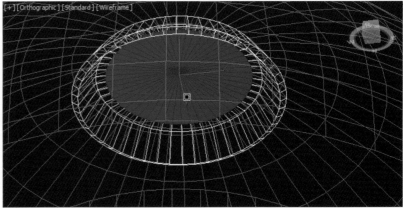

19 Extrude

Quad Menu에서 Extrude를 실행하고, 전구 소켓의 길이만큼(저는 45 정도) Extrude합니다.

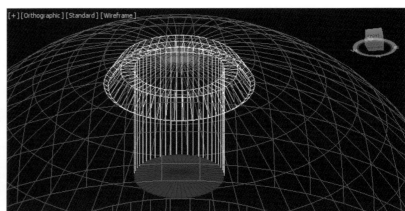

20 Line 만들기

이제 아래쪽 Sphere를 잡아주는 부품을 만듭니다. 전구 소켓부터 작은 Sphere까지 연결되는 Line을 하나 그립니다.

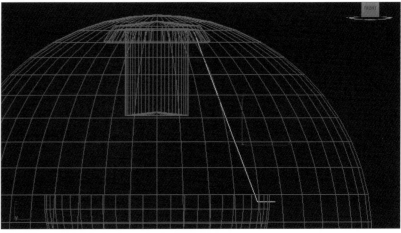

21 Line Rendering

Line의 Rendering 옵션을 켜고 두께를 설정합니다. 하단의 꺾인 부분에 있는 Vertex를 선택하고 Fillet으로 둥글게 만듭니다.

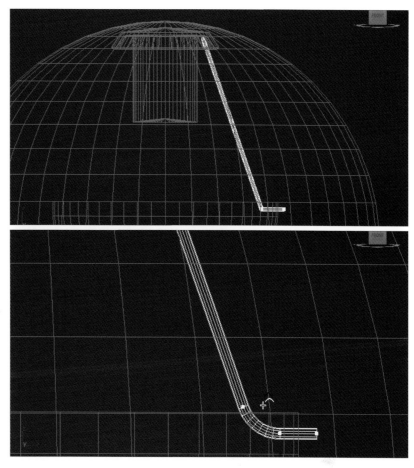

22 Line 이동

만들어진 Line은 Sphere의 중심축을 기준으로 120도씩 돌려서 복사하려고 합니다.
Top View로 이동합니다. 우선 Align[Alt+A] 명령으로, Line을 Sphere의 Y축 Center에 정렬시킵니다.
Reference Coordinate System을 Pick으로 바꾸고, 장면의 Sphere를 클릭하면 선택된 물체인 Sphere가 기준이 됩니다.

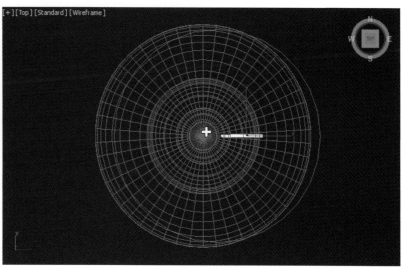

23 회전축 지정

아직 Line 물체 자신의 Center를 사용하고 있습니다. 아래 그림에 보이는 아이콘 중에서 가장 아래에 있는 "Use Transform coordinate Center"를 선택합니다. Gizmo가 Sphere의 Center로 이동됩니다.

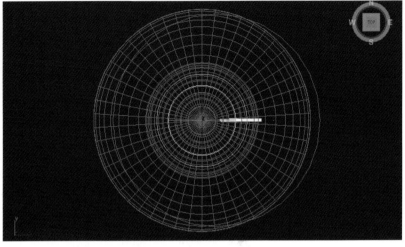

24 복사하고 Attch하기

Line을 Shift 키를 누른채 Z축으로120도씩 Rotate해서 2개를 더 만듭니다. Obeject 옵션은 Copy로 합니다.
복사된 Line을 Attach해서 하나의 물체로 만듭니다.

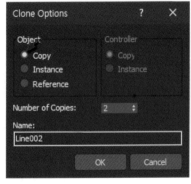
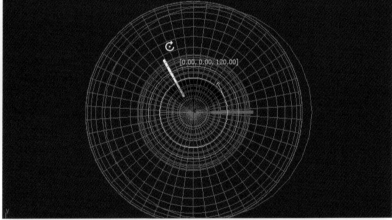

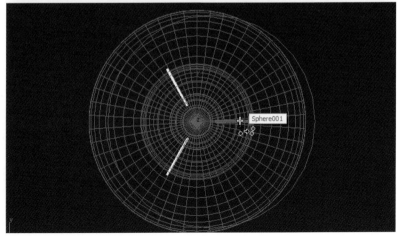

25 Line 형태 수정

Line의 Rendering 옵션에서 두께와 단면 형태를 수정합니다.

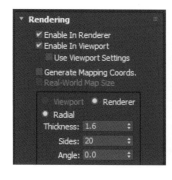

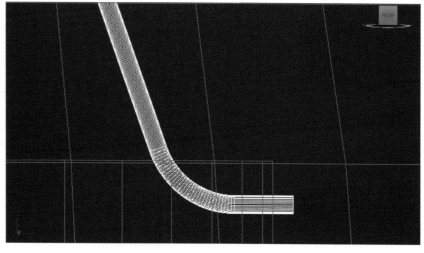

26 Circle 만들기

Top View에서 Circle(반지름 28 정도)을 만들고, Sphere의 X, Y축 Center에 정렬[Alt+A]시켜 줍니다.

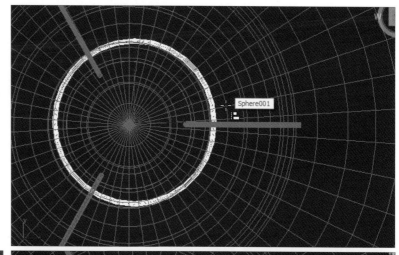

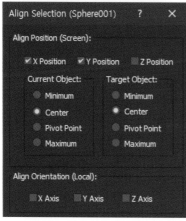

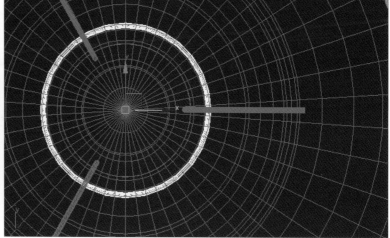

27 Circle 위치 조절

Front View에서 Circle을 Y축 방향으로 이동합니다. Line과 겹쳐지도록 이동시키고 Line에 Attach해줍니다.

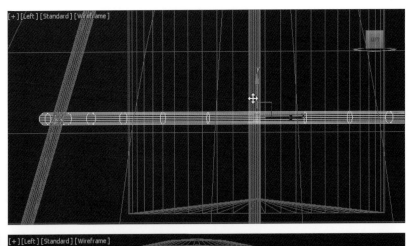

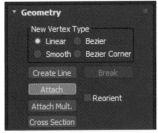

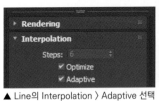

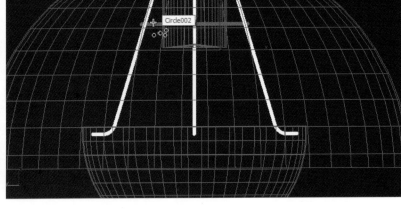

▲ Line의 Interpolation 〉 Adaptive 선택

형태가 완성되면 Material modifier를 적용하고 Materials ID를 2로 만듭니다

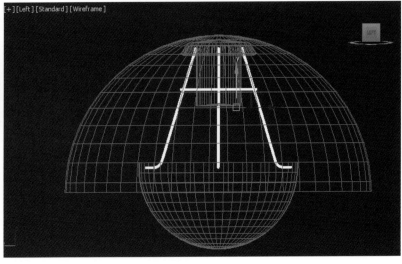

28 안쪽 Sphere Material ID

작은 Sphere에 Material modifier
를 적용하고, Material ID를 1로 만
듭니다.

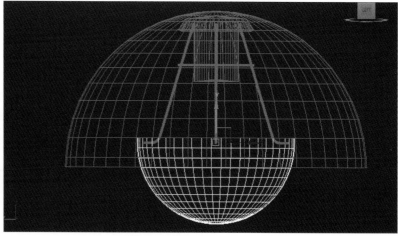

29 소켓 Material ID

전구 소켓 물체에 Material modifier
를 적용하고, Material ID를 3으로 만
듭니다.

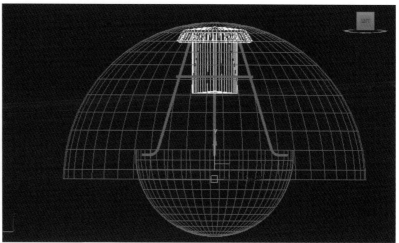

30 Group 만들기

안쪽의 물체만 선택해서 Group으로
만듭니다.

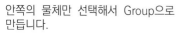

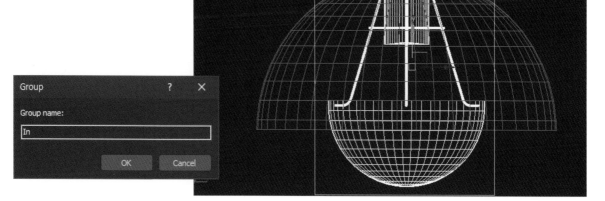

31 Link

Group 물체가 선택된 상태에서 Main Toolbar의 Link 명령을 실행합니다. 큰 Sphere로 마우스를 Drag하면, 선택된 Group 물체가 Sphere 물체의 움직임에 종속됩니다.

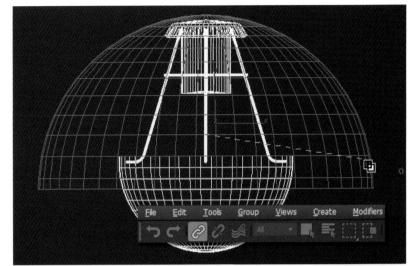

Sphere를 선택하고 X축으로 −25도 Rotate해보면, 전체 형태가 흐트러지지 않고 Group 물체도 같이 Rotate 됩니다.
원래 상태로 되돌립니다.

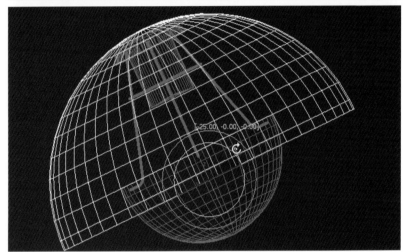

32 Circle 선택

처음에 만들어 둔 Circle을 선택하고, Editable Spline으로 Convert합니다.

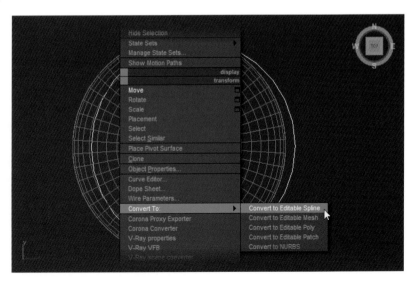

33 Vertex Chamfer

Top View로 이동합니다.
Vertex level에서 오른쪽 Vertex를
선택합니다.

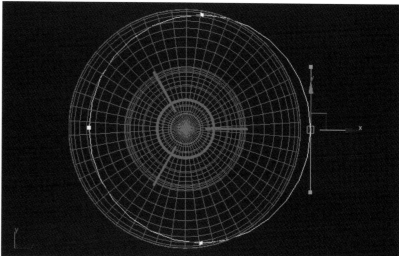

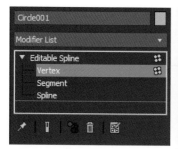

선택된 Vertex에 Chamfer를 적용해
서 형태를 만듭니다

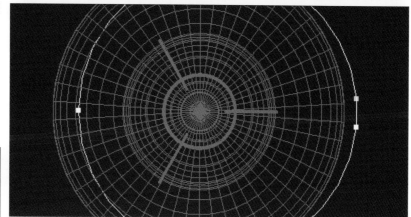

34 Segment Connect

Segment level에서 Connect 옵션을 켭니다. 이 옵션을 사용하면, Shift+Drag로 Segment를 복사할 때, 원래 Segment와
복사된 Segment 사이를 자동으로 연결해줍니다.
Chamfer를 적용해서 새로 생긴 Segment를 선택합니다.

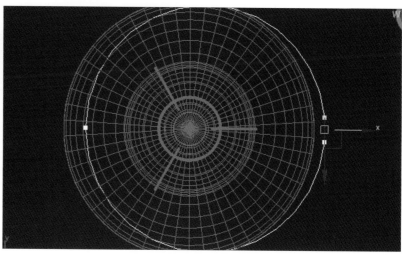

35 Shift+Drag

Front View에서 선택된 Segment를 Shift+Drag해서 조명의 기둥 형태를 만듭니다.

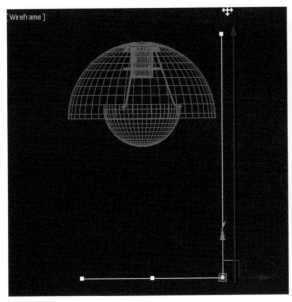
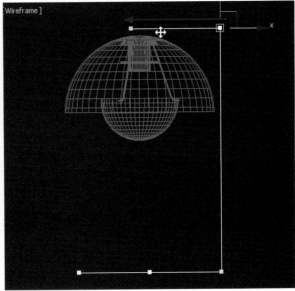

36 Segment Delete

필요없는 Segment를 선택해서 삭제합니다.

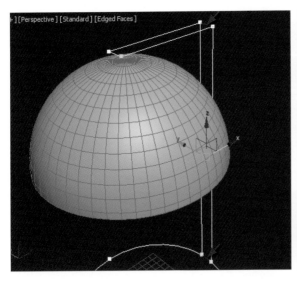
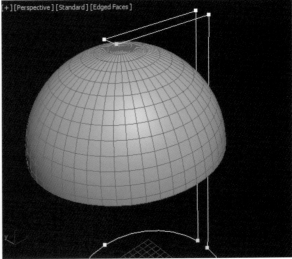

37 Vertex Weld

Vertex level에서 모든 Vertex를 선택하고, Weld 명령을 실행해서 같은 위치에 여러 개의 점이 존재하지 않도록 합니다.
Weld의 범위 값이 작아서 완벽하게 합쳐지지 않을 수도 있습니다. 기본값인 "0.1"에서 "1.0"으로 수정해서 진행하세요!

38 Weld 확인

Weld 전에는 선택된 Vertex에 녹색의 조정점이 보이지만, Weld가 잘 처리되면 조정점과 선택된 점이 보이지 않게 됩니다.

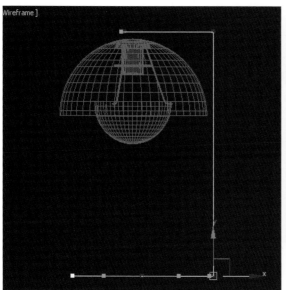 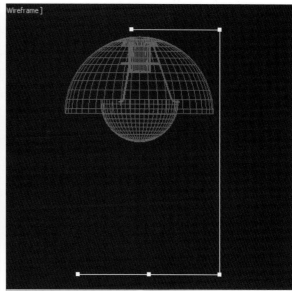

39 Fillet

Top View에서 끝 부분 Vertex를 선택하고 Fillet을 최대 값으로 적용합니다.

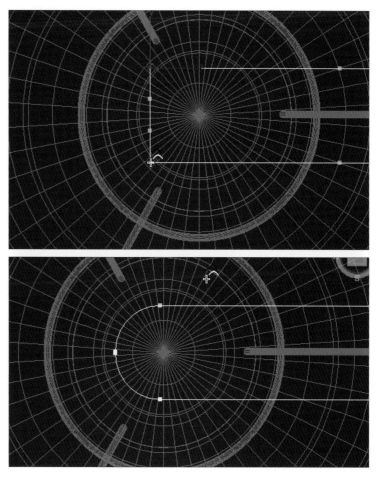

40 Weld

Chamfer되면서 가운데 2개의 점이 모이게 됩니다. 이 부분을 선택하고 Weld를 "2.0"으로 적용해서 한점으로 만듭니다.

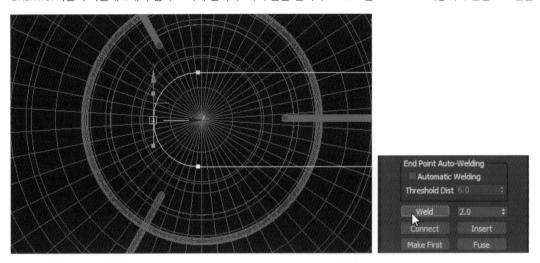

41 Fillet

Front View에서 오른쪽 위에 있는 2개의 Vertex를 선택하고, Sphere와 비슷한 형태가 되도록 Fillet을 적용합니다

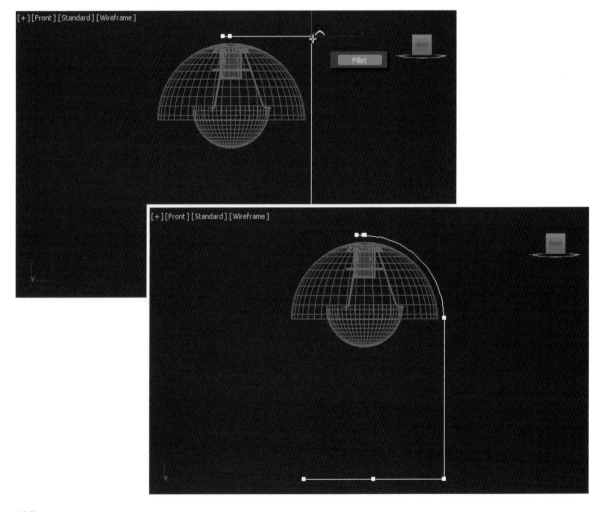

42 Weld

위쪽에 근접한 Vertex를 선택하고, Weld를
"5.0"으로 적용해서 합쳐줍니다.

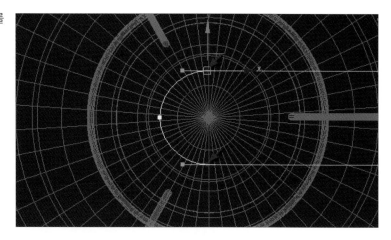

43 Fillet

아래쪽 모서리에도 Fillet을 적용합니다.
전체적으로 각진 부분이 없는 형태를 만듭니
다.

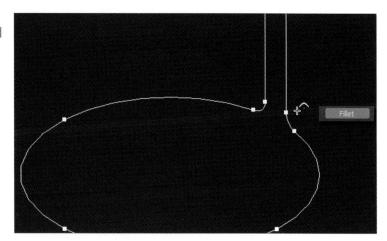

44 Rendering 옵션

Modify panel의 Rendering 옵션을 켜서 봉의 두께를 확인해보고, 다음 작업을 위해 옵션은 다시 해제합니다.

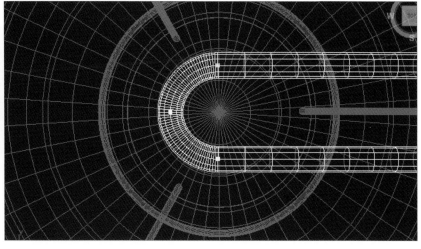

45 Devide

Interpolation의 Step을 "0"으로 바꾸면 모든 Segment가 직선이 됩니다.
Segment level에서 바닥 부분을 선택하고 "30"으로 Divide하면, Segmemt 하나가 30개로 등분되면서 곡선이 만들어집니다.

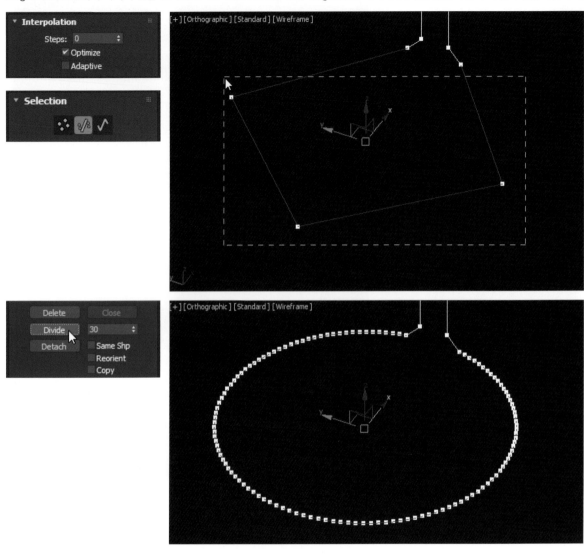

꺾이는 부분의 Segment를 선택하고 이번에는 "8"로 Divide합니다

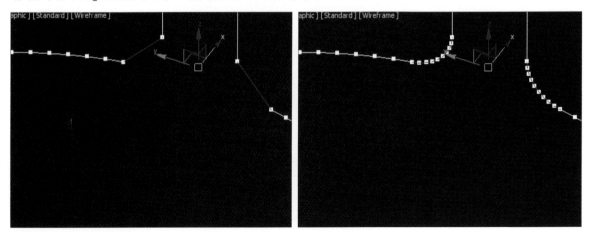

46 Devide

위쪽도 큰 곡선 부분은 "30"으로, 작은 곡선 부분은 "8"로 Divide한 후, Render 옵션을 켜서 두께를 줍니다.

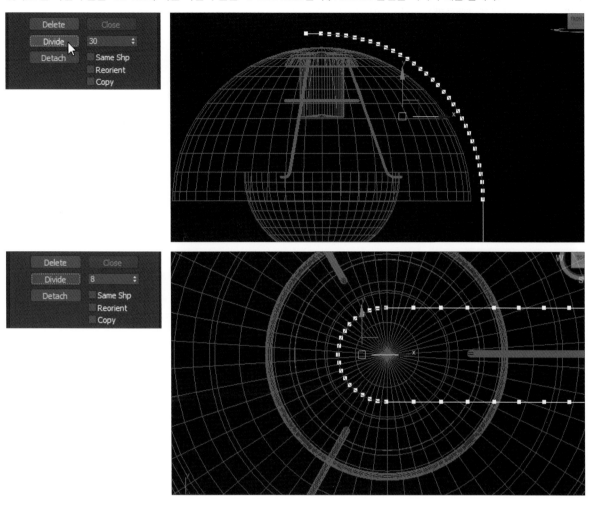

47 Polygon 선택

큰 Sphere에서 위쪽 Polygon을 쉽게 선택하기 위해, 맨 위의 Vertex 하나를 선택합니다.

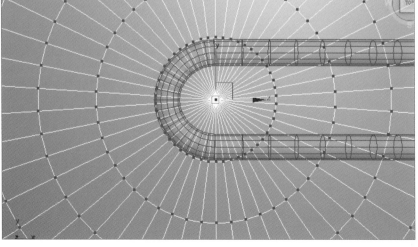

Ctrl 키를 누른 상태로 Polygon level 아이콘을 클릭하면, Vertex에 연결된 Polygon이 한번에 선택됩니다.

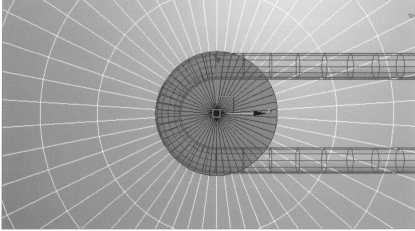

Selection 〉Grow 명령을 실행해서 인접한 Polygon을 추가 선택해줍니다.

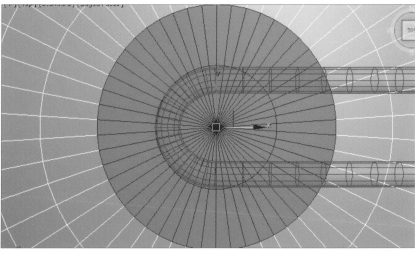

48 Detach

선택된 면을 Detach 명령(Detach As Clone 선택)으로 복사하면서 떼어냅니다.

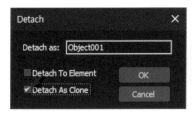

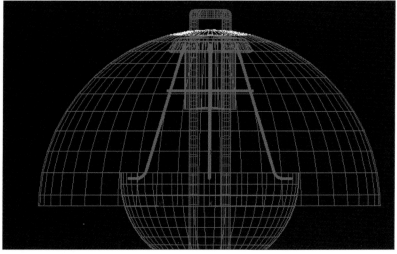

49 Swift Loop

Detach로 떼어낸 물체를 선택하고, Swift Loop 명령으로 필요한 면까지 경계선을 추가합니다.

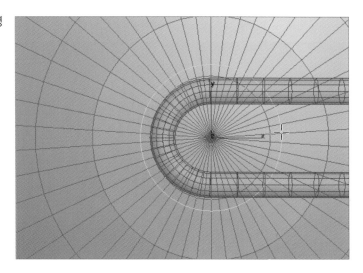

50 Polygon Select

Polygon level에서 바깥쪽 Polygon을 선택하고 지웁니다. (효율적인 선택 방법에 대한 내용은 YouTube 채널을 참고해주세요.)

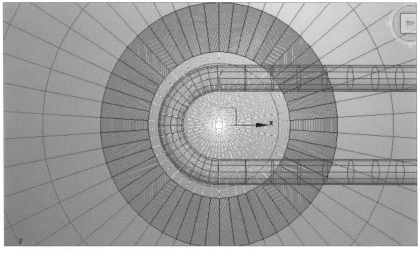

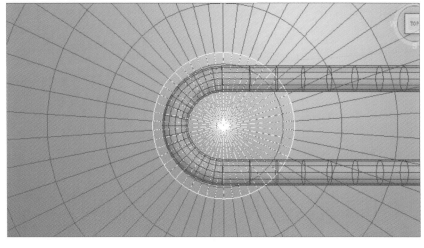

51 Edge Remove

불필요한 Edge를 Double Click으로 선택하고, Ctrl 키를 누른 상태에서 Remove 명령을 실행해서 삭제합니다.

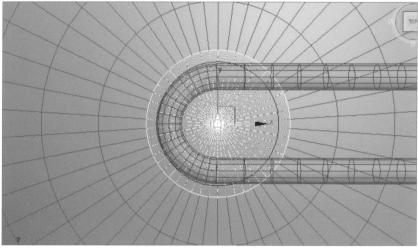

52 Vertex 위치 조절

Vertex level에서 가운데 Vertex를 선택하고, Front View에서 Snap을 켜고 다른 Vertex와 같은 높이에 맞춰줍니다.

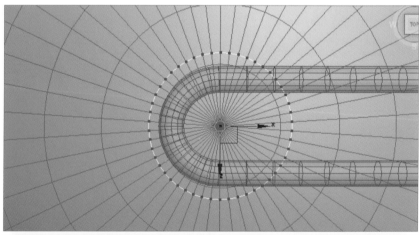

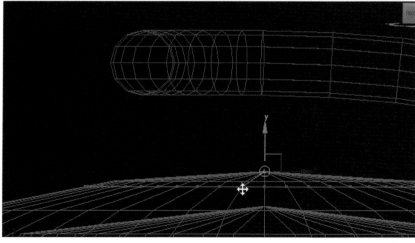

53 Shell modifier

Selection 아이콘을 모두 끄고, 물체를 Y축 방향으로 살짝 올린 후, Shell modifier로 두께를 만듭니다.

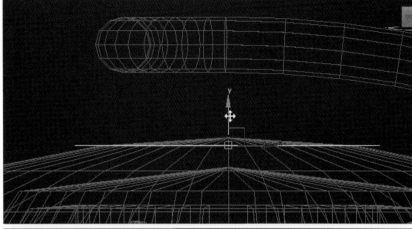

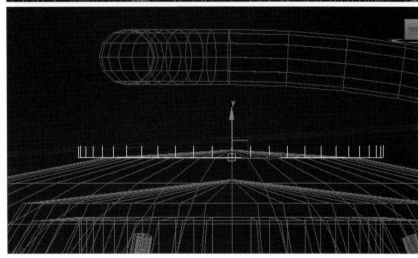

54 형태 만들기

Editable Poly로 Convert하고, Polygon level에서 윗면을 선택합니다. 봉의 바깥쪽 형태에 맞게 Inset합니다.

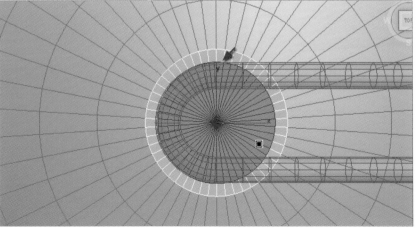

Front View에서, 선택된 면을 Extrude해서 봉 물체에 닿기 전까지 올려줍니다.

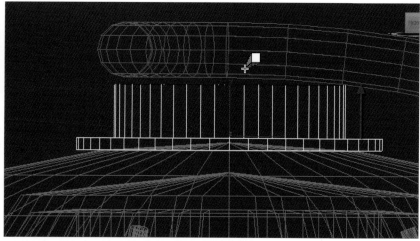

선택된 면을 봉의 안쪽 형태보다 작게 다시 Inset합니다.

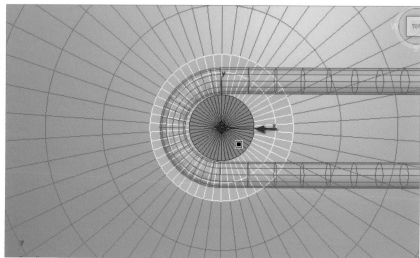

Front View에서, 선택된 면을 Extrude해서 봉 물체보다 살짝 높게 올려줍니다.

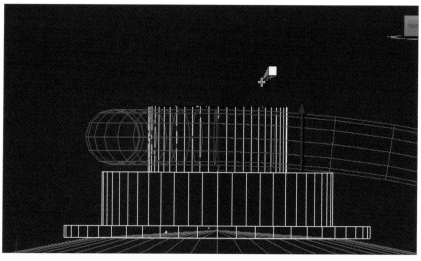

위쪽 형태를 만들기 위해 Extrude를 한 번 더 실행합니다.

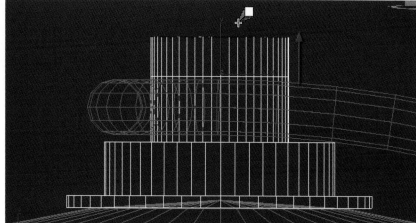

Extrude된 측면만 선택합니다.

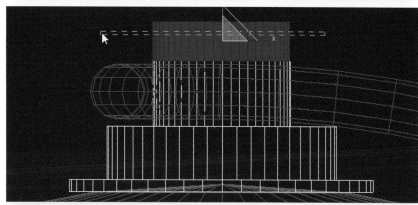

Extrude setting 명령의 수치를 조절해서 아래쪽과 같은 크기로 Extude합니다.
(Local Normal Type 사용)

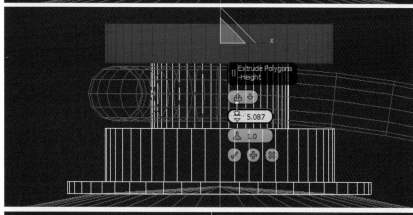

욕심을 낸다면 측면에 홈을 조금 만들어 주는 것도 좋겠죠!
여러분은 무시하셔도 돼요!

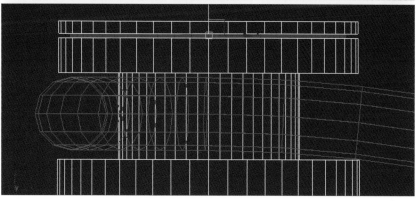

Edge level에서 오른쪽 이미지와
같이 Edge를 선택하고, Connect
해서 가운데에 Edge를 추가합니
다.

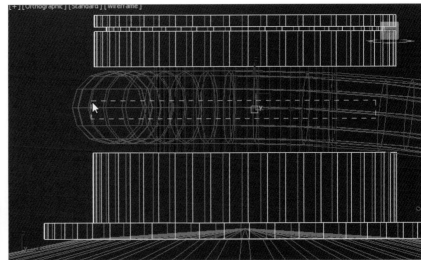

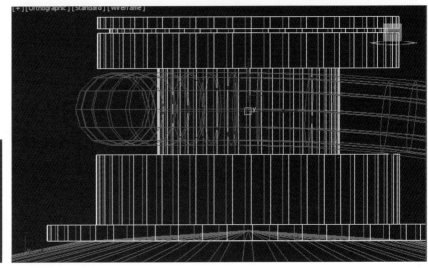

안쪽 면을 둥글게 만들기 위해, 위와 아래쪽 모서리의 Edge를 선택해서 Chamfer합니다 .
Chamfer 명령 후 선택된 Edge는 Ctrl+Remove 명령으로 삭제합니다. Material ID는 "3"으로 지정합니다.

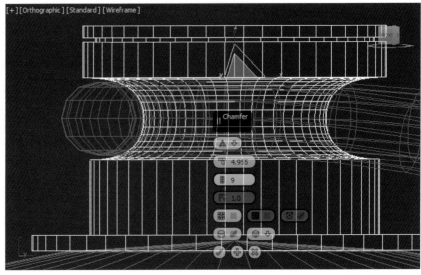

55 Line 형태

Line의 단면 형태와 Interpolation의 옵션을 조절해서 부드러운 형태로 만듭니다. Material ID는 "5"로 지정합니다.

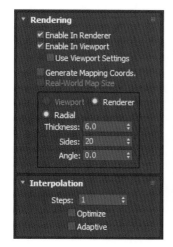
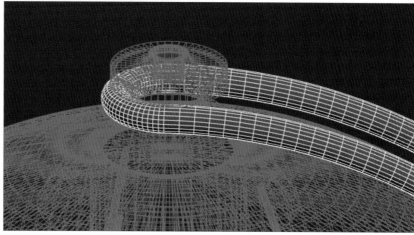

56 큰 Sphere 형태 수정하기

큰 Sphere를 선택하고, Vertex level에서 가운데 Vertex를 선택해서 삭제합니다.

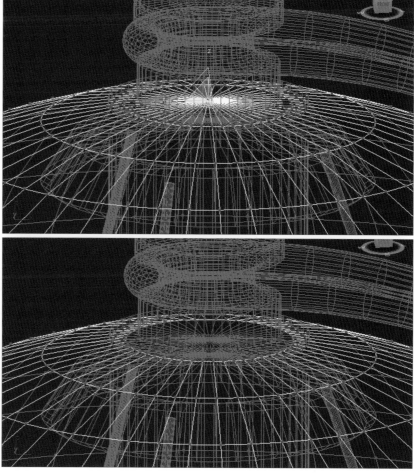

Shell modifier를 적용하고 Select Inner Faces를 선택해서 Editable Poly로 Convert합니다. 안쪽 면이 선택된 상태입니다.

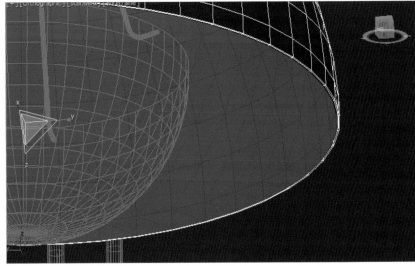

Shell로 두께를 만들면서 생긴 위와 아래쪽 단면에서, 모서리의 Edge를 모두 선택하고 Chamfer를 적용합니다.

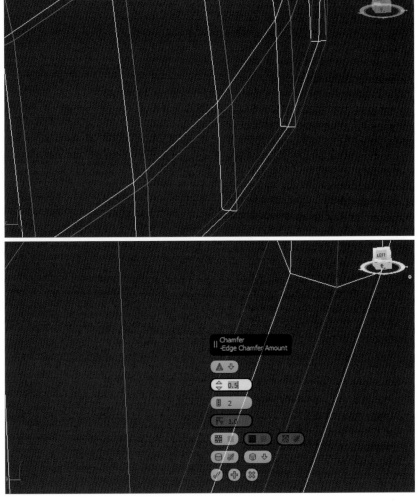

57 Vertex Weld

Vertex level에서 모든 Vertex를 선택하고 Weld 명령을 실행해서 겹쳐진 Vertex를 없애줍니다.

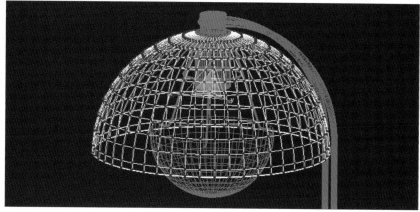

58 Turbo Smooth

Vertex level을 끄고 TurboSmooth를 적용한 후, Editable Poly로 Convert합니다.
Polygon level에서는 바로 전에 적용한 Shell 명령의 결과로 안쪽 면이 선택된 상태입니다. Set ID를 "4"로 지정합니다.

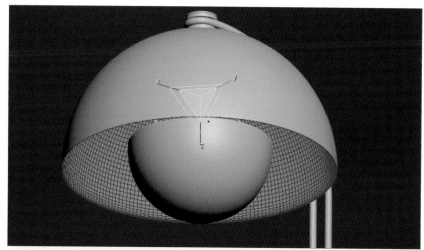

Ctrl+I로 선택을 반전시키고 Set
ID를 "1"로 지정합니다.

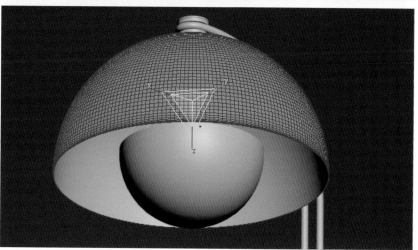

59 Circle 만들기

이번에는 봉에 전선을 고정하는 부품을 만듭니다. Top View에서 봉의 두께보다 조금 큰 Circle을 만듭니다.

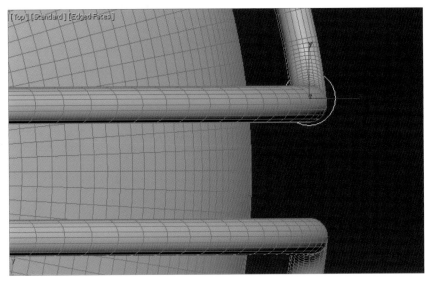

60 Circle 수정하기

Spline level에서 Circle을 선택하고, Shift+Scale로 복사해서 작은 Circle을 만듭니다.

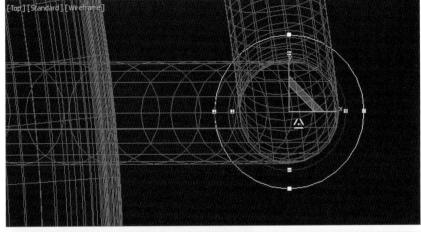

바깥쪽 Circle의 양쪽 Vertex를 선택하고, Break로 분리합니다.

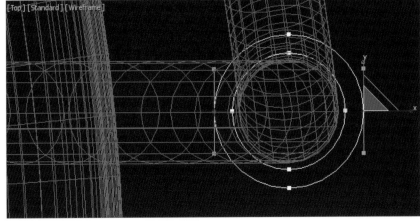

분리된 아래쪽 Spline을 선택하고 Y축 방향으로 움직여 반대쪽 Line 물체에 맞춰 줍니다.

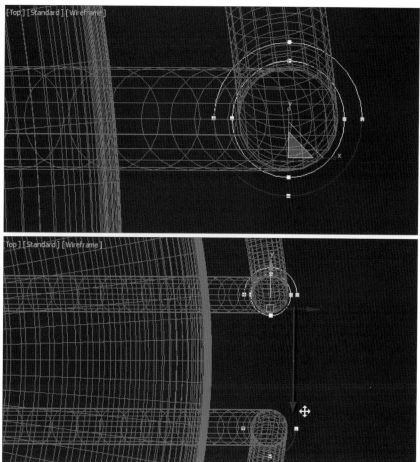

Vertex level의 Connect 명령으로 이미지와 같이 Vertex 사이를 Drag해서 연결해줍니다.

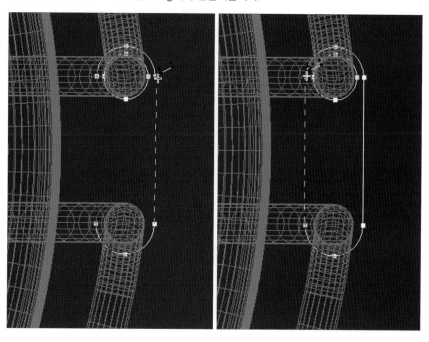

Spline level에서 안쪽 Circle을 복사하고 이동시켜서 그림과 같이 3개의 구멍을 만듭니다.

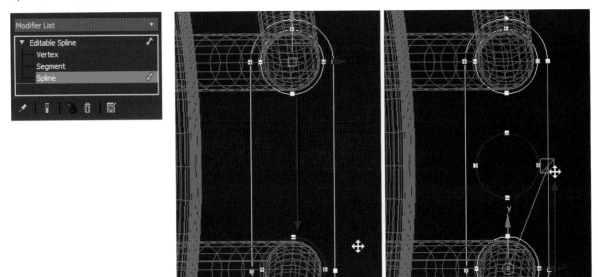

Segment level에서 곡선 부분을 모두 선택하고 "16"으로 Divide합니다.

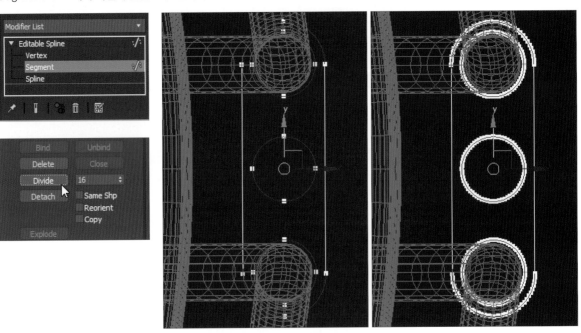

필요한 부분의 Segment를 나눠서 곡선이 만들어졌으므로, Interpolation Steps는 "0"으로 수정합니다.

61 Edit Poly 추가

Editable Poly로 Convert 하기 전에 Edit poly modifier를 추가해서, 면이 제대로 만들어지는지 확인합니다.

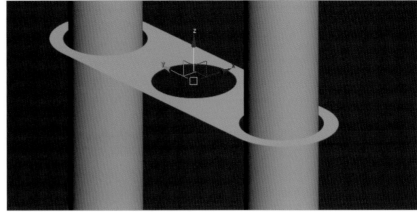

62 Editable Poly로 수정하기

문제가 없다면 Editable Poly로 Convert합니다. Border level에서 모든 테두리를 선택하고 아래로 Shift+Drag합니다.

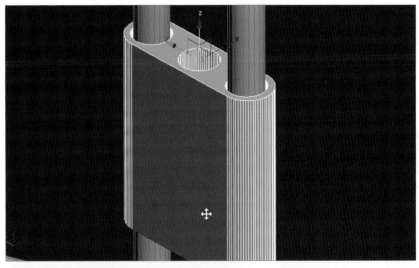

바깥 Border만 선택하고 Extrude
해서 안쪽으로 면을 만듭니다.

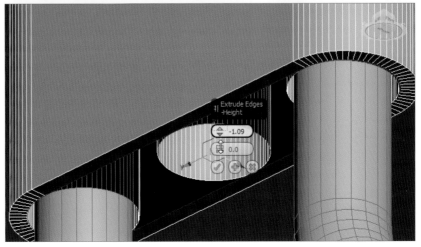

안쪽의 원형 Border를 선택하고 밖에서 보이지 않도록 위로 올려줍니다. (꼭 필요한 작업은 아니예요.)

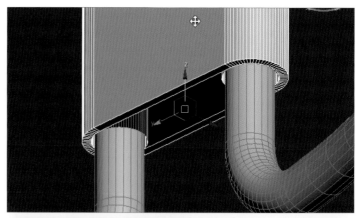

Material modifier를 적용해서 ID를 "6"으로 설정하고 완성된 형태를 확인합니다.

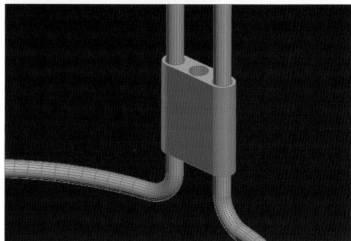

63 Line 만들기

Line 명령에서 Initial Type을 Smooth로 선택하고 전선 모양을 그려줍니다. Vertex 사이가 곡선으로 부드럽게 연결됩니다.

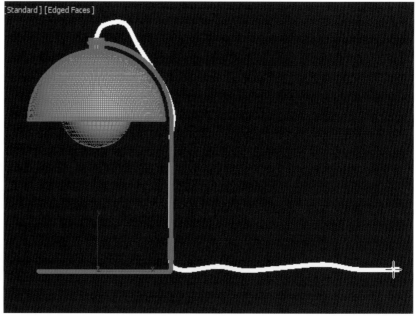

Rendering 옵션에서 Thickness와 Sides를 수정합니다. Left View에서 Vertex를 움직여서 부드러운 전선 형태로 만듭니다.

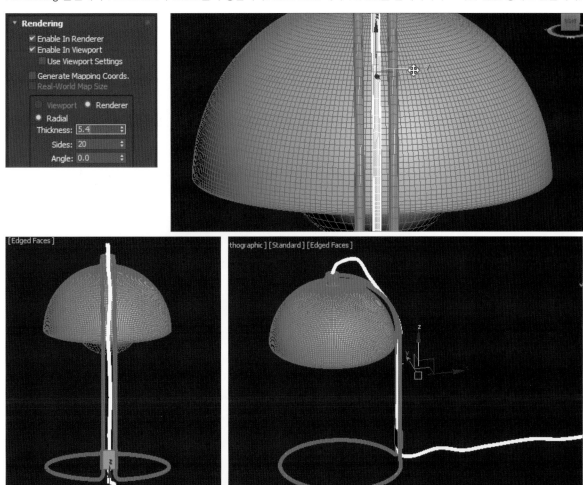

전선이 물체 밖으로 튀어나오지 않도록 Vertex를 조절합니다. Material modifier를 적용하고 ID를 "7"로 만듭니다.

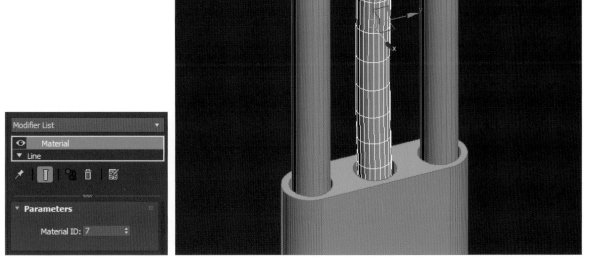

64 Light 만들기

Top View에서 VRayLight를 Sphere 형태로 만들고 위치를 조절합니다. (일반적인 전구 크기로 만들어줍니다)

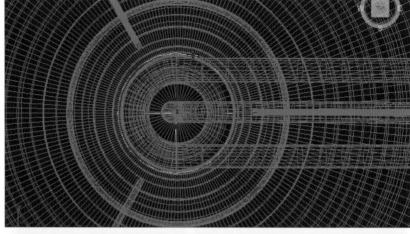

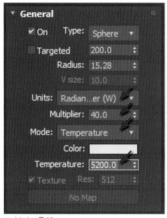

▲ Light 옵션

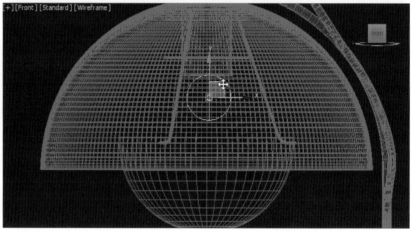

65 Test용 바닥

Test Rendering에서 VRayPlane을 바닥 물체로 사용하면 편리합니다. VRayPlane은 무한대의 평면으로 Rendering됩니다.

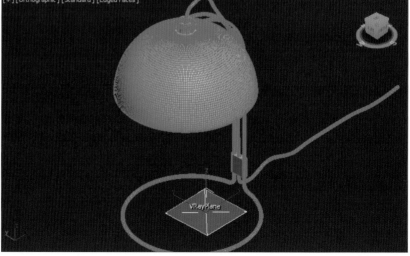

66 Dome light

VRayLight를 Dome Type으로 장면에 만듭니다.

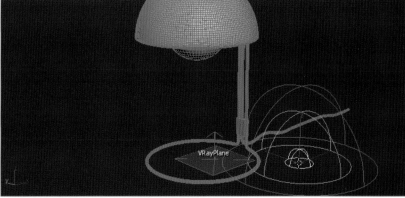

Dome Light의 Texture에 VRayHDRI map을 적용하고, 장면에 맞는 *.hdr 파일을 불러옵니다.

67 HDRI

Light의 Texture에 적용된 VRayHDRI를 Materials Editor로 Drag해서 Instance 복사합니다.
복사된 VRayHDRI 위에서 마우스 오른쪽 버튼을 클릭하고, Change Material/Map Type을 선택합니다. Material/Map Browser가 열리면 Color Correction을 선택합니다. Replace Map 창이 뜨면 기본값인 "Keep old map as sub-map?"을 적용합니다. 이렇게하면 새로 만든 ColorCorrection의 하위 map에 현재의 HDRI map이 자동으로 연결됩니다.

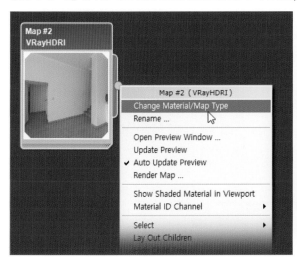
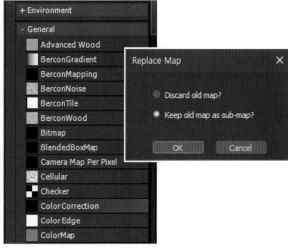

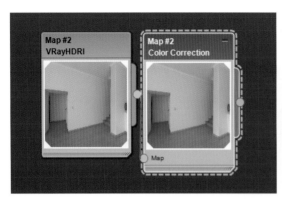

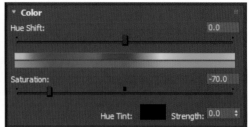

Color Correction의 Saturation만 조절해서 Dome Light의 채도를 낮춰줍니다.

68 Group

Light와 VRayPlane을 제외한 조명 물체를 모두 선택하고 Group으로 만듭니다.

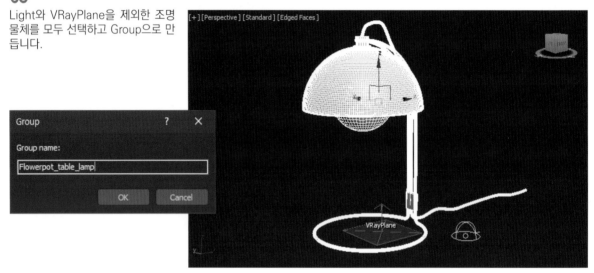

69 Physical Camera

Perspective View를 조절해서 Physical Camera[Ctrl+C]를 만들고, Camera 옵션을 조절합니다.

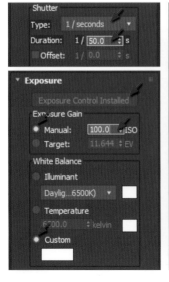

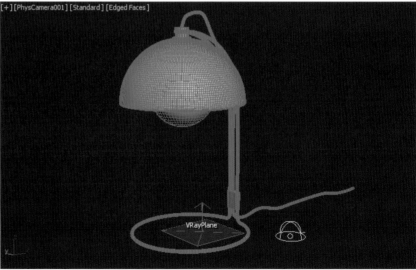

70 배경 물체

Test에 사용한 VRayPlane은 삭제하고, Plane으로 아래 그림과 같이 뒤쪽이 둥글게 올라가는 배경물체를 만듭니다.

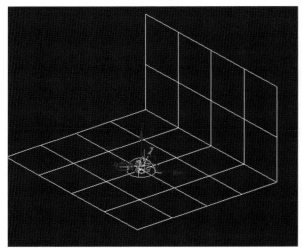
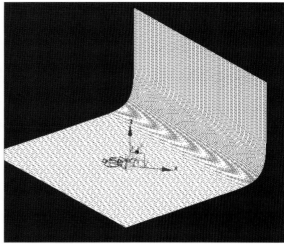

바닥의 분할된 면이 수평으로 보이도록 Camera View를 회전시켜 줍니다.

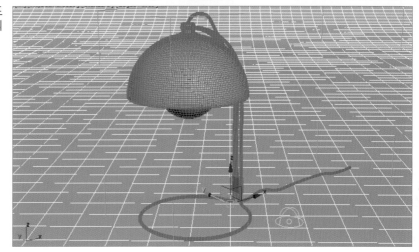

71 Reder Setup

아직 Test Rendering이니까 Size나 옵션에 크게 신경쓰지 않아도 됩니다. 각자의 System 성능에 따라 크기나 옵션을 조절하세요.

일단 Imege Size를 정합니다.

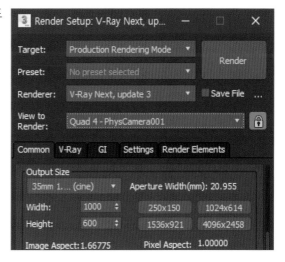

V-Ray Tab을 먼저 확인합니다.
Image sampler는 Bucket type을 선택하고, Advanced 옵션에서 Min shading rate를 "8"로 수정합니다.
간단한 장면에서는 렌더링 시간이 크게 차이나지 않기 때문에, Test Rendering에도 Image filter를 적용해 봅니다.

Bucket image sampler는 기본값을 사용합니다.

Color mapping에서 Type을 정해줍니다. 이번 예제에서는 Exponential을 사용했습니다. Test Rendering 과정에서 Dark multiplier와 Bright multiplier의 수치를 조절합니다.

Sub-pixel mapping, Clamp output을 체크합니다.

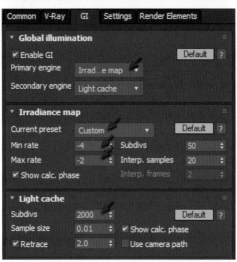

GI Tab의 Primary engine을 Irradiance map으로 선택합니다.
Irradiance map의 Current preset을 Custom으로 바꾼 후, Min/Max rate를 수정합니다.

Light cache에서 Subdivis 값은 요즘 시스템을 고려해서 "2000"으로 수정했어요!

Environment and Effects 창[숫자키 8]을 엽니다.
Atmosphere에 VRayToon을 추가하면, 외곽선이 같이 Rendering되기 때문에 Modeling 결과를 좀 더 정확하게 파악할 수 있습니다.
Opacity 값을 "0.5"로 수정합니다.

72 Test Rendering

Camera View, 물체의 형태, 조명 등을 확인하고 수정할 부분을 체크합니다.

73 Link / Rotate

조명의 머리 부분을 살짝 기울이는게 보기에 좋겠네요!

우선 Sphere 위에 있는 물체를 선택하고, Link 명령으로 Sphere에 연결합니다.

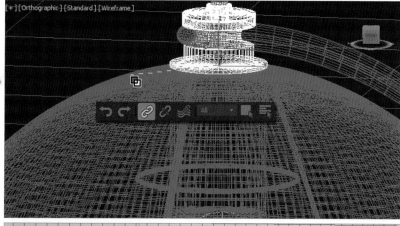

Link된 상태의 확인을 위해 Sphere 물체만 선택해서 회전시켜 봅니다. 조명의 머리 부분이 Sphere와 함께 잘 회전되고 있나요?

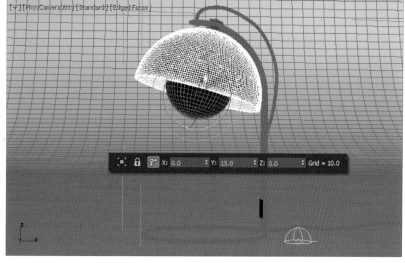

74 전선 Line

조명의 머리 부분은 회전되지만, 연결
된 전선 모양이 그대로라서 어색하네
요.
회전을 원래 상태로 되돌려 놓습니다.

전선 물체에서 전구에 연결되는 쪽의
Vertex 2개를 선택합니다.

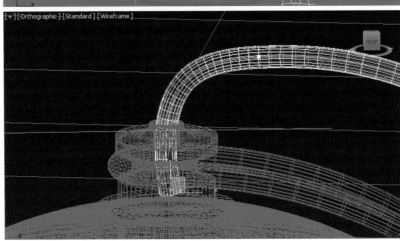

75 Linked XForm

2개의 Vertex가 선택된 상태로 Linked XForm을 적용합니다. (Linked XForm은 선택된 부분을 다른 물체에 연결해주는 명령
입니다.) Pick Control Object를 실행하고 전선이 연결된 물체를 선택해 줍니다.

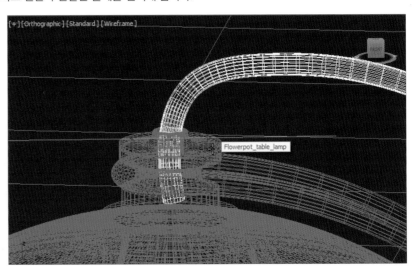

76 Rotate

Sphere를 다시 회전해보면, 이번에는
Sphere에 붙어 있는 전선의 끝부분이
같이 따라갑니다.

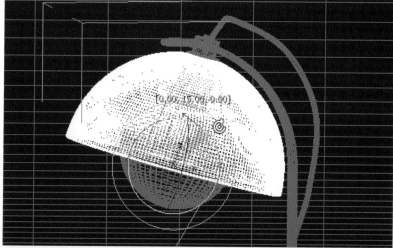

Linked XForm 위에 Edit Spline을 추
가하고, 어색한 부분의 Vertex만 수정해
서 전선 형태를 부드럽게 만듭니다.

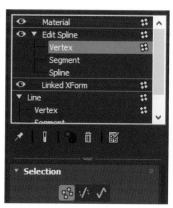

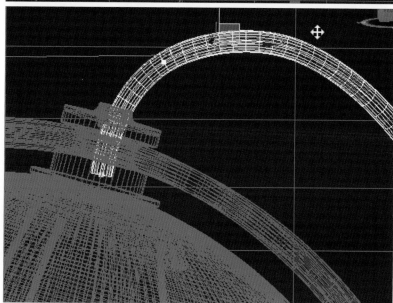

77 VRayToon 끄기

Test Rendering에 사용한 VRayToon은 이제 삭제하거나 Active
옵션을 해제합니다.

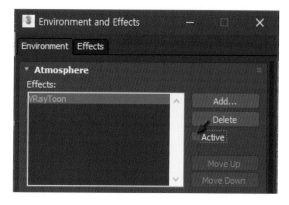

78 Material

조명 물체를 Group으로 만들고, 7개의 ID를 갖는 Multi/Sub-Object material을 적용합니다.
조명 갓에 해당하는 1,4번 ID에는 약하게 빛이 투과하는 재질, ID 2, 5번의 금속 물체에는 어두운 금속 재질, ID 3, 6번의 연결 부품에는 검정색 플라스틱, ID 7번의 전선에는 짙은 빨간색 재질을 만들어서 연결했습니다.
여러분도 사진을 참고해서 재질을 적용해 보세요.

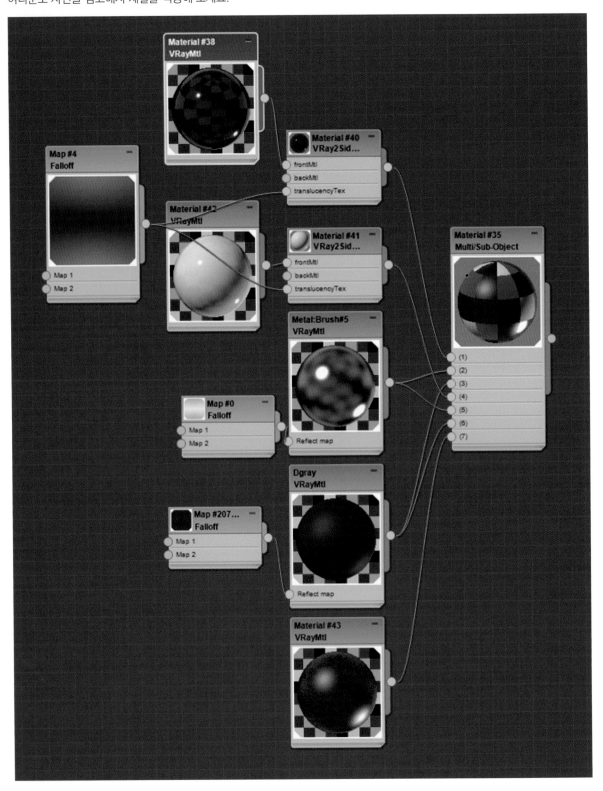

79 Rendering

Interactive Rendering을 사용해서 재질과 Light의 옵션을 빠르게 수정하고 원하는 느낌으로 만들어 보세요!
결과가 마음에 들면 크게 Rendering~!

Part 05 Interior Wall 만들기

층별 Sign이 그려진, 간단한 인테리어 공간을 Modeling합니다.
Text나 Sign 형태를 Texture로 표현할 수도 있지만, Modeling이 더 효과적일 때가 있죠!

01 Plane 만들기

Front View에서 Plane으로 기본 벽체를 만듭니다.

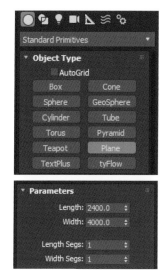
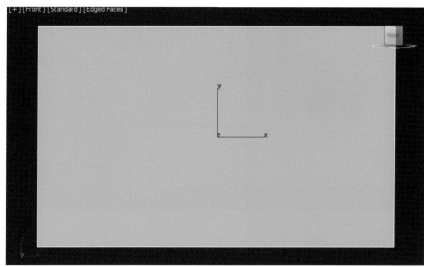

02 Edge 추가하기

Plane을 Editable Poly로 Convert하고, Edge level을 선택합니다.
Ribbon에서 Modeling 〉 Edit 〉 Swift Loop를 실행해서, 천장의 돌출된 부분을 만들기 위한 Edge를 추가합니다.

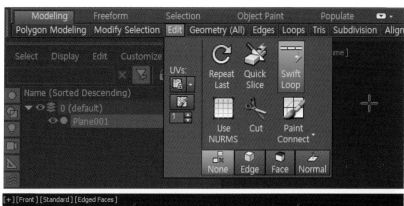

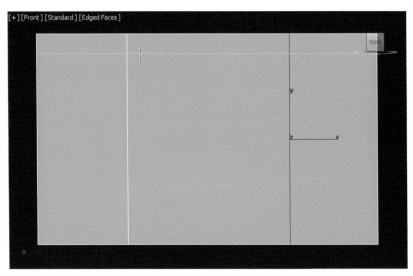

천장에서 돌출된 높이만큼 가로 방향
으로 Edge를 추가합니다.

03 Chamfer

새로 추가한 수직 방향의 Edge를 선택하고, Quad menu에서 Chamfer Setting 명령을 실행합니다.

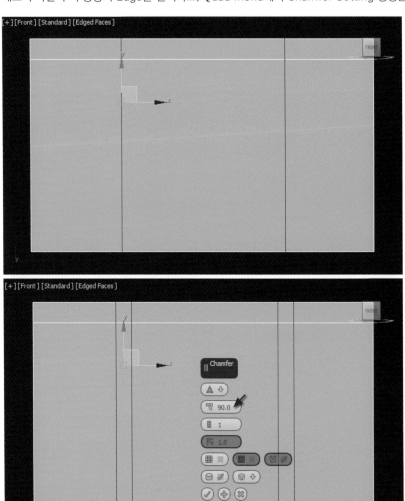

04 Polygon 삭제

돌출된 부분에 해당하는 Polygon을 선
택하고 삭제합니다.

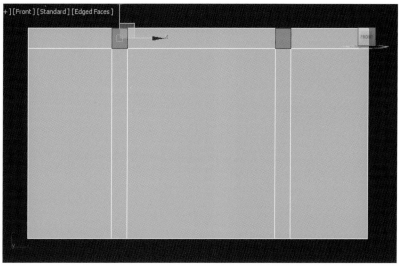

05 Edge Select

Edge level에서 위와 아래의 면이 끝나
는 부분 Edge를 선택합니다.

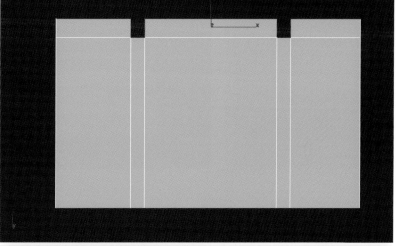

선택된 Edge를 Shift+Drag해서 천장
과 바닥 면을 만듭니다.

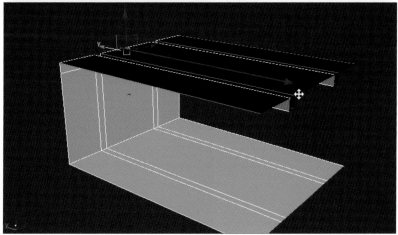

06 Text

Front View에 Text를 만듭니다.

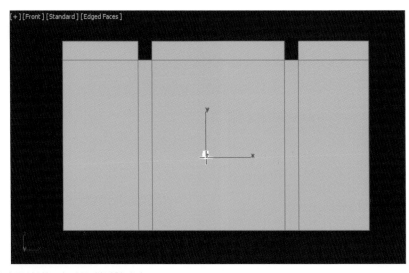

Text Size와 Font를 선택하고, 여러분이 좋아하는 숫자를 입력합니다.

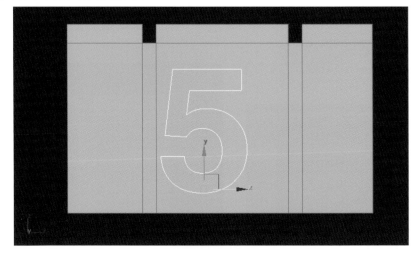

07 Text 수정

원하는 글자 모양을 기존 Font에서 찾을 수 없다면, 가장 비슷한 Font를 사용하고, Editable Spline으로 변환해서 수정해줍니다.

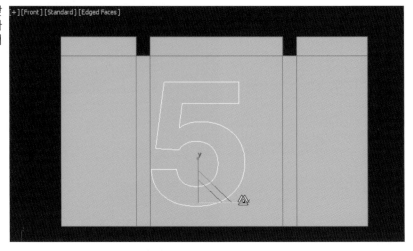

08 Plane 만들기

Text가 선택된 상태에서 Quad menu 의 Isolate Selection을 실행해서 Text 만 보이도록 합니다.

Text 크기의 Plane을 하나 만듭니다

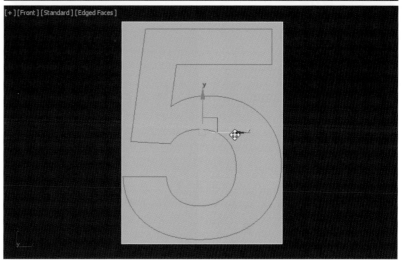

만들려고 하는 Text의 형태를 보면, 세로로 긴 막대기가 동일한 간격으로 배치되어 있습니다.
막대기 갯수에 맞게 Plane의 Width Segment를 수정합니다.

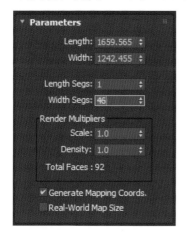

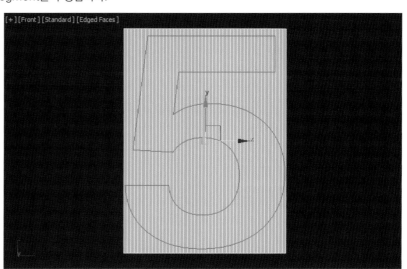

확인한 Segment 값을 반으로 나눠 "23"
으로 수정합니다.

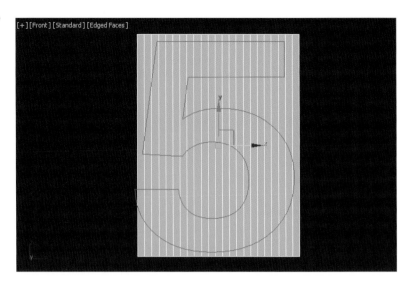

09 Plane 복사하기

Top View에서 Plane을 뒤쪽으로 복사
합니다.

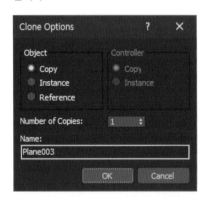

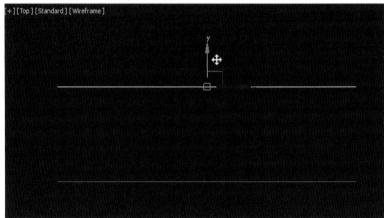

10 ShapeMerge

첫번째 Plane을 선택하고 ShapeMerge를 적용합니다. Pick Shape을 클릭하고 Text를 선택합니다.

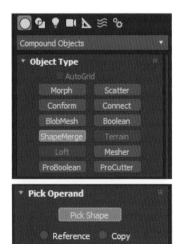

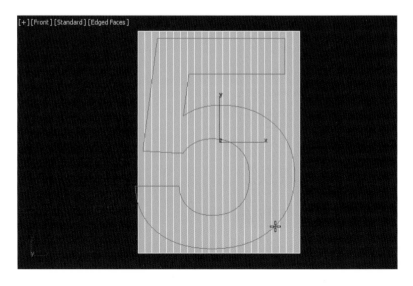

11 Polygon 선택 옵션

Modify panel에서 Shape Mege의 옵션을 확인하면, Shape 1에 Text가 선택된 상태입니다.
Output Sub-Mesh Selection 옵션에서 Face를 선택합니다. 이 옵션을 사용하면 Editable Poly로 만들었을 때, Shape 모양대로 Polygon이 자동 선택됩니다.

12 Editable Poly

Editable Poly로 Convert한 다음, Polygon level로 가면 이미지처럼 Text 모양 안쪽의 Polygon이 선택되어 있습니다.

Ctrl+I로 선택을 반전시키고, 바깥쪽 면을 삭제합니다.

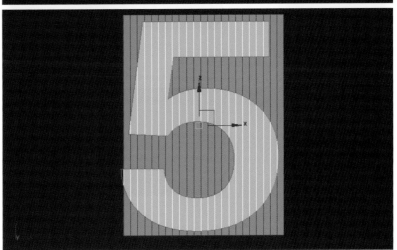

13 Shape 추출하기

Border level [숫자키 3]에서 물체의 테두리를 선택합니다.

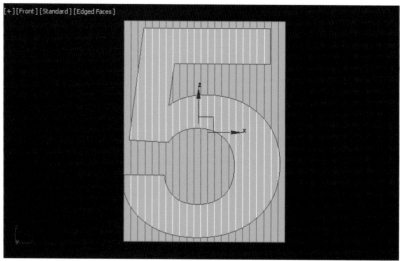

다른 동작없이 Edge level [숫자키 2]로 가면, Border에서 선택된 Edge가 그대로 선택된 상태입니다.
Border와 Edge는 서로 선택된 상태를 공유하기 때문이죠! Ctrl+I로 선택을 반전시킵니다.

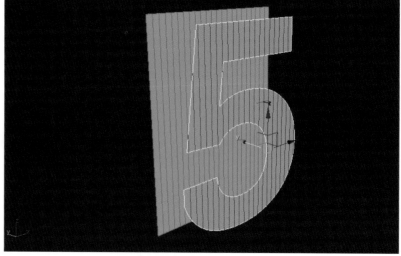

Create Shape from Selection 명령을 실행해서 선택된 Edge를 Shape으로 만듭니다.
Create Shape 창에서 Shape 물체의 이름을 정하고, Shape Type을 Linear로 선택합니다.

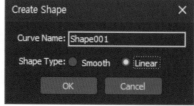

14 Plane 지우기

필요한 Shape이 만들어지면, Selection 아이콘을 끄고 현재 물체는 삭제합니다.

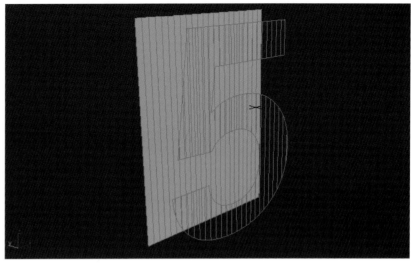

15 Plane 이동하기

Front View에서 뒤에 복사해 둔 Plane을 선택합니다.
Snap을 켜고 Plane 물체를 X축 방향으로 움직입니다. 먼저 만든 Shape 물체의 Line 사이 사이에 Edge가 놓이도록 합니다.

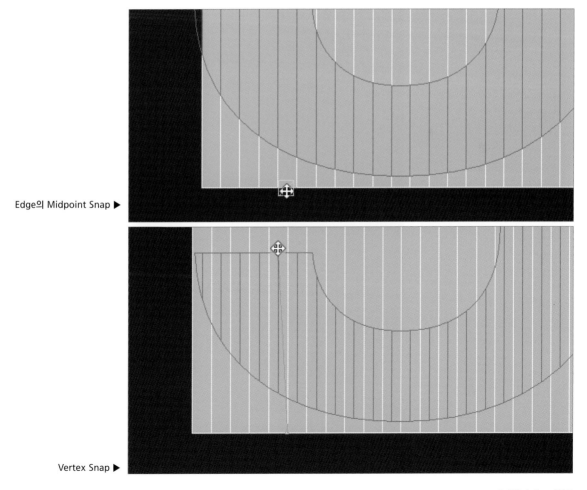

Edge의 Midpoint Snap ▶

Vertex Snap ▶

16 Polygon 선택

Polygon level에서 오른쪽 5칸을 제외한 나머지 Polygon을 선택합니다.

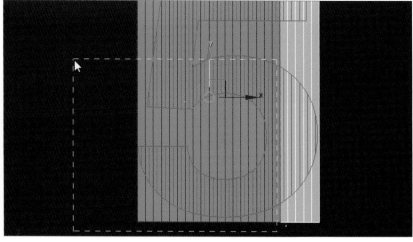

17 QuickSlice

QuickSlice를 실행하면 선택된 면에만 Slice가 적용됩니다. 대각선 방향으로 Click해서 선택된 Polygon을 잘라줍니다.

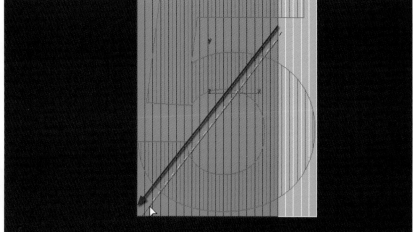

사선 아래쪽 Polygon만 선택합니다.

[+][Front][Standard][Edged Faces]

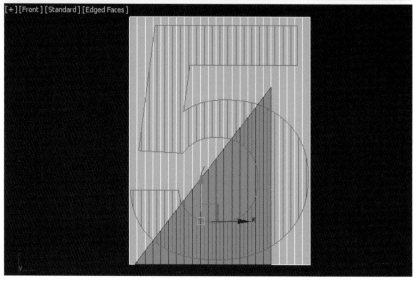

18 형태 수정

선택된 Polygon을 삭제하고, Text와 겹치지 않도록 오른쪽 Vertex의 위치는 수정합니다.

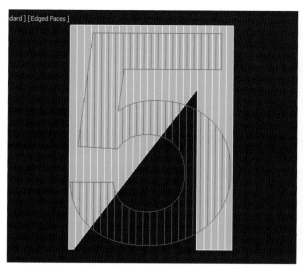 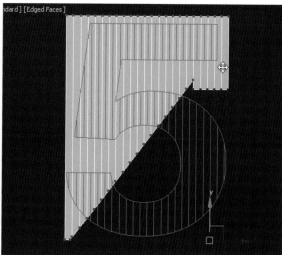

19 ShapeMerge

이 물체에도 ShapeMerge를 적용하고, Pick Shape으로 Text를 선택합니다.

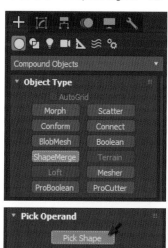
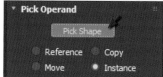
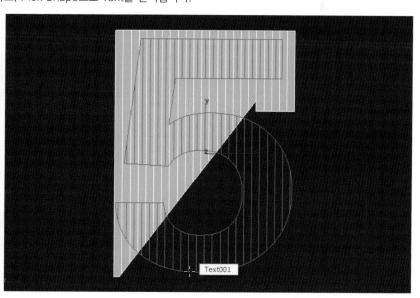

Editable Poly가 되었을 때 글씨 모양의 안쪽 Polygon이 자동 선택될 수 있도록, Output Sub-Mesh Selection에서 Face를 선택합니다.

참고로 ShapeMerge 전에는 저장 한번 해주는 센스!
3ds Max의 기능에서 계산 중에 갑자기 프로그램이 종료되는 것들이 몇 가지 있는데요.
ShapeMerge도 비교적 단순한 형태일 때에는 괜찮지만, 불규칙하고 복잡한 물체에서는 좀
위험하죠. 이번 작업은 문제가 생길만큼 복잡하진 않아요.

20 형태 만들기

Editable Poly로 Convert하고, Polygon level에서 선택된 면을 확인합니다. 선택을 반전시켜서 글자를 제외한 Poygon을 삭제합니다.

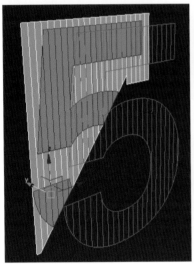
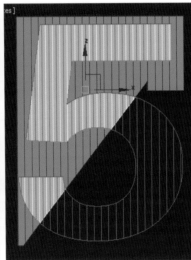

21 Shape 만들기

Border level [숫자키 3]에서 테두리를 선택합니다.

Ctrl+I로 선택을 반전시킵니다.

"Create Shape From Selection"으로 선택된 Edge를 새로운 Shape으로 만듭니다. 선택된 기존 물체는 삭제합니다.

Left View로 이동합니다. Snap을 켜고, 뒤에 있는 Shape을 이동해서 앞의 물체에 맞춥니다.

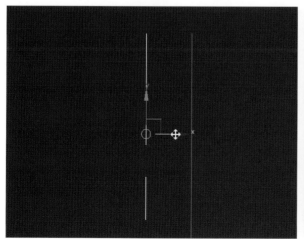

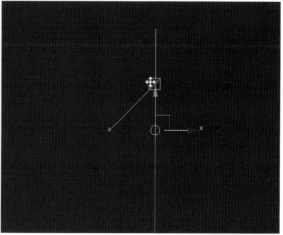

22 Text 삭제

떼어낸 2개의 Shape 물체를 확인하고, Text 물체는 삭제합니다.

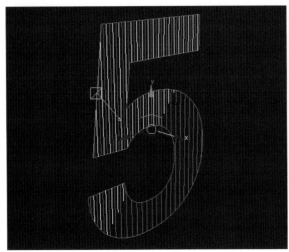 

23 Isolate Selection

Text가 삭제되면서 Isolate Selection 이 해제됩니다. (처음에 Text를 선택한 상태에서 Isolate Selection을 적용했기 때문!)

만들어진 Shape 물체 2개를 모두 선택하고, 다시 Isolate Selection합니다.

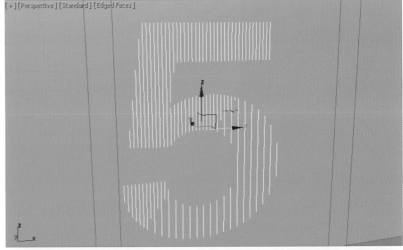

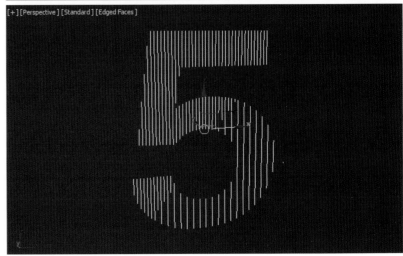

24 Attach

하나의 Shape을 선택하고, Attach 명령으로 다른 Shape을 합쳐줍니다.

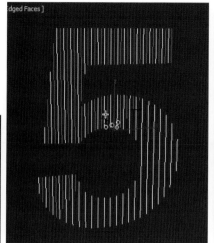

25 Extrude

우선 Extrude를 적용해서 면을 만들어줍니다. (Extrude Amount는 크게 의미가 없어요.)

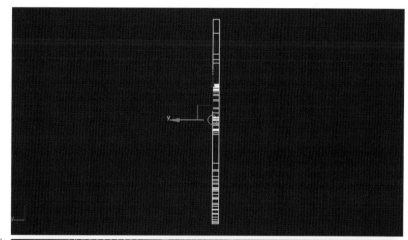

두 개의 Spline을 합쳐줬기 때문에 서로 면의 방향이 반대로 만들어질 수 있지만, 상관없습니다.

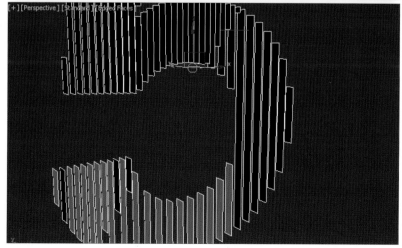

26 Shell

Shell modifier를 적용하고 양쪽으로 두께를 만듭니다.

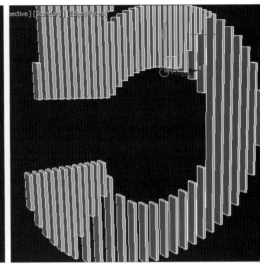

27 Polygon 지우기

Editable Poly로 Convert하고, 뒷면을 제외한 나머지 면을 선택해서 지웁니다.

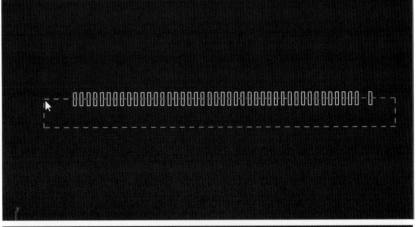
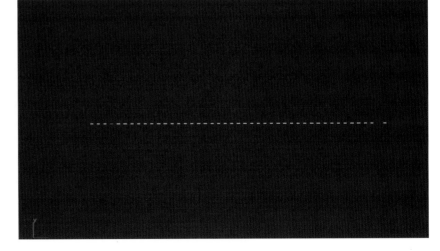

28 면 방향 바꾸기

모두 선택하고 Flip 명령을 실행해서, 남은 면의 방향을 앞으로 뒤집어줍니다.

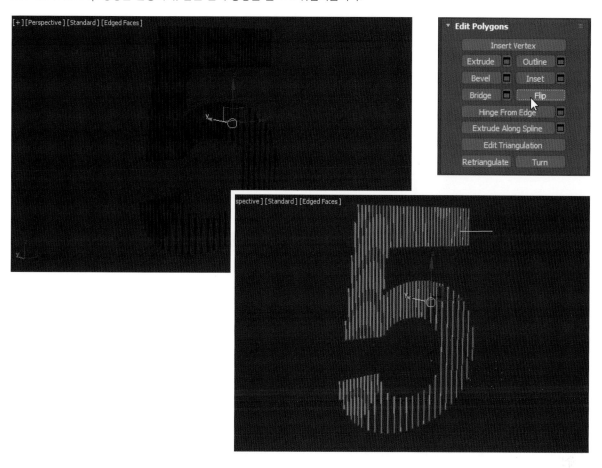

29 Push

Isolate Selection을 해제합니다.
Text가 벽면과 같은 위치에 있기 때문에, 겹치지 않도록 Push를 이용해서 "0.2"정도 벽과 떨어지게 합니다.

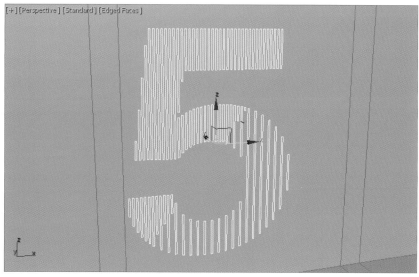

30 벽 분리하기

천장, 바닥, 벽을 하나의 물체로 만들어
둔 상태입니다.
Polygon level에서 벽면을 모두 선택하
고 "wall'로 Detach합니다.

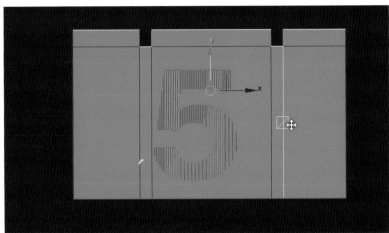

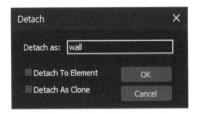

천장 면도 모두 선택해서 "ceiling"으로
Detach합니다.
현재 물체는 "floor"로 이름을 바꿔줍니
다.

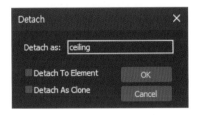

31 Text 만들기

층별 안내는 무료 폰트 중에서 마음에 드는 Font를 사용해서 만듭니다.
Font가 없다면 간단하게 만들어 주는 것도 좋아요! 층별 안내 Text에도 Push를 "0.2"만큼 적용합니다.

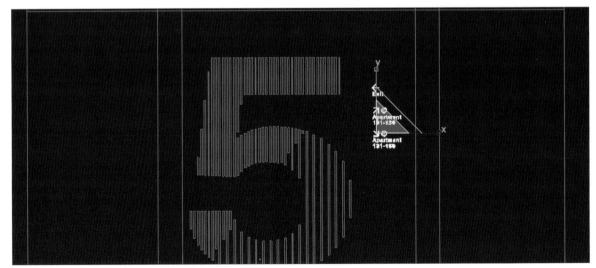

32 Material ID

Text, wall, ceiling, floor에 각각 Material ID를 적용합니다.

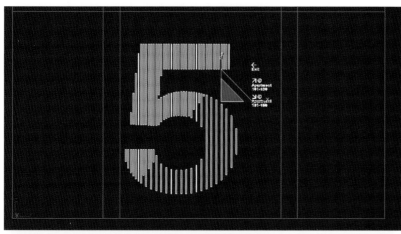

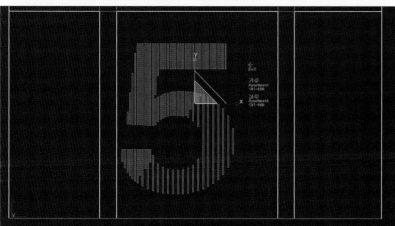

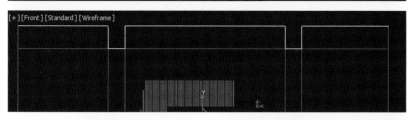

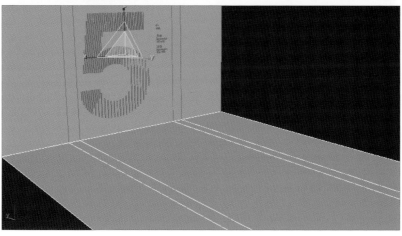

33 Render Size

Render Setup 창을 열고 Render Size를 Custom 옵션으로 선택
하고 640x800으로 수정합니다.
Render 옵션은 이전의 Test Render 옵션과 같습니다.

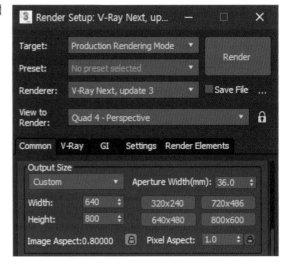

34 Safe Frame

Pespective View로 이동합니다.
Safe Frame [Shift+F]을 켜줍니다.
Rendering하고 싶은 상태로 View
를 조절합니다.

Ctrl+C로 Pespective View에 맞게
Physical Camera를 만듭니다.

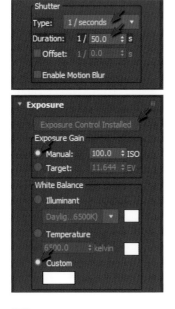

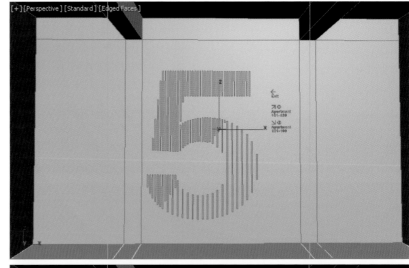

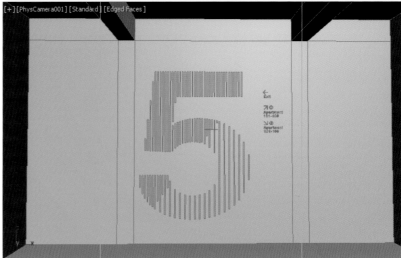

35 VRayLight

VRayLight를 Sphere 형태로 만들고, Front View와 Left View에서 위치를 조절합니다.

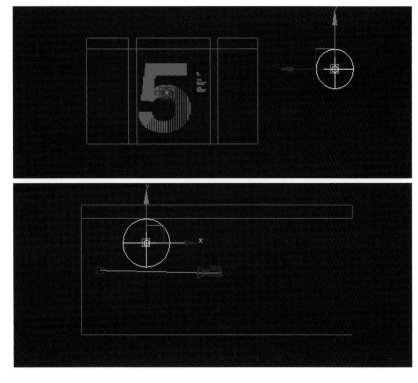

36 Test Render

Camera View를 Rendring해서 Light와 Camera의 상태를
확인합니다.

37 실시간 확인

기본적인 재질과 Light를 세팅한 상태에서 옵션을 수정할 때에는, Start interactive rendering 옵션을 사용해서 실시간으로 확인하면서 작업합니다.

38 ID 1 – Text 재질

4개 재질만 필요한 간단한 장면이라서, Multi/Sub-Object material을 사용합니다.

Multi/Sub-Object material을 재질 View에 추가하고, ID 1에 VRayMtl을 연결합니다.

VRayMtl의 Color와 Reflect 옵션을 조절해서 글자의 재질을 만들어줍니다.

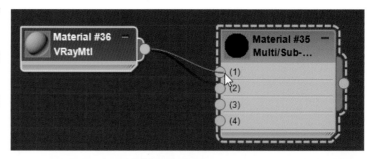

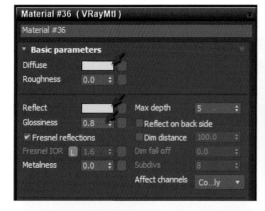

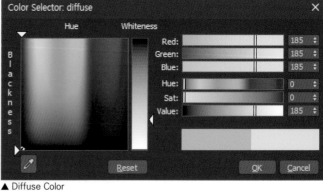

▲ Diffuse Color

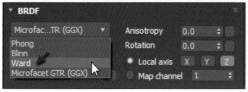

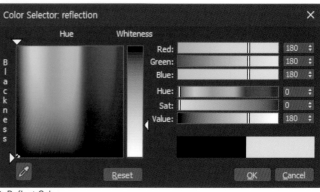

▲ Reflect Color

39 ID 2 – Green Wall 재질

ID 1의 VRayMtl을 Shift+Drag로 복사해서 ID 2에
연결합니다.
Diffuse Color와 Reflect Glossiness 수치만 수정
합니다.

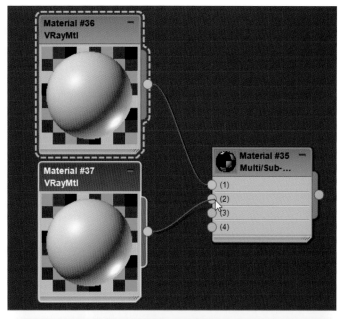

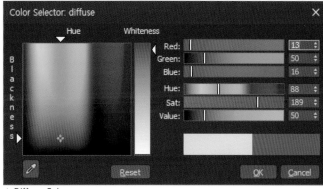

▲ Diffuse Color

40 ID 3, 4

천장과 바닥 재질은 Concrete Texture를 이용한 재
질을 만들려고 합니다.

VRayMtl의 Diffuse에 Concrete Texture를 연결하
고, ID 3, 4에 각각 따로 연결합니다.

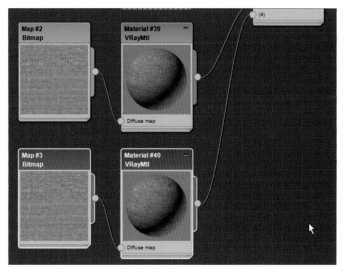

41 ID 4 – 바닥 재질

ID 4번의 Diffuse map에 Mix map을 추가합니다.
Color #1 에는 Concrete Texture가 그대로 적용됩니다. Color #2의 색상을 수정하고 Mix Amount를 50으로 수정합니다.
Concrete Texture와 Color #2의 색상이 반씩 섞입니다.

반사와 같은 표현을 추가해서 여러분이 생각하는 느낌으로 만들어 보세요!

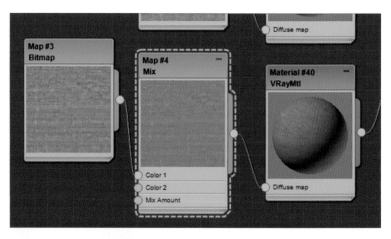

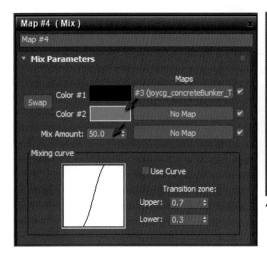

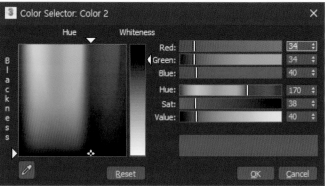

▲ Mix map Color #2

42 Camera 확인

Camera View를 확인하면서 옵션을 수정합니다. Lens 〉 Apecture를 "5.6"으로 수정합니다.

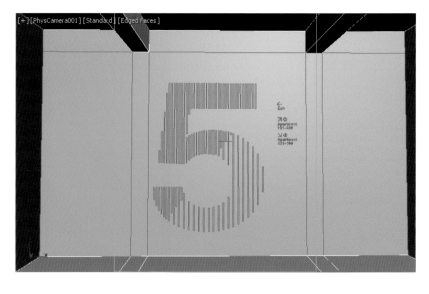

43 재질 적용

장면의 물체들을 모두 선택하고, 만든 재질을 적용합니다.
Texture가 사용된 천장과 바닥 물체를 따로 선택하고, UVW Map을 Box 형태로 적용합니다.

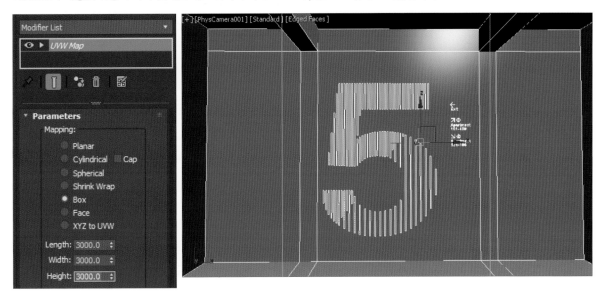

44 Rendering

Rendering 상태를 확인하면서, Light, Material 등을 수정해 보세요!

전체적으로 너무 어둡게 보입니다.
지금은 Light의 밝기와 카메라 옵션을 먼저 손보는 것이 좋겠네요!

45 Light 수정

Light의 Type을 Plane으로 바꾸고, Light의 크기(Length/Width)와 빛의 세기(Multiplier)를 수정해 줍니다. 나머지 옵션도 아래 그림과 같이 수정해주세요.

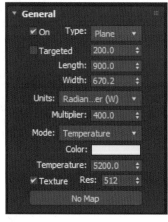

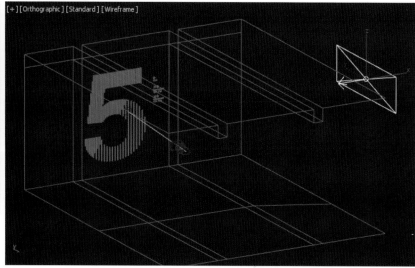

46 Rendering

Rendering 상태를 확인합니다.
Light Color, 카메라 옵션, 재질을 조금 손보고 싶어지네요!

47 벽체 만들기

Floor 물체를 선택합니다.

Floor의 Edge를 연장해서 측벽을 만
들어줍니다.
벽체의 형태에 따라 안으로 들어오는
Light의 빛과 장면의 음영이 조절됩
니다.

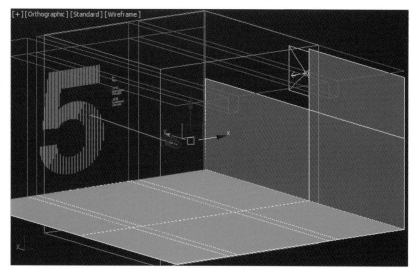

48 Light 수정

Light의 위치와 크기, Color 등을 다
시 수정합니다.

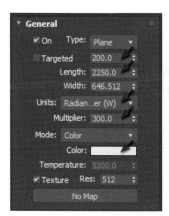

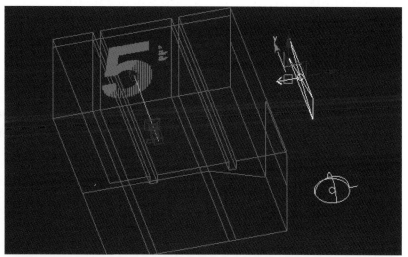

Dome light도 추가해서, Texture에
HDRI를 연결해줍니다.

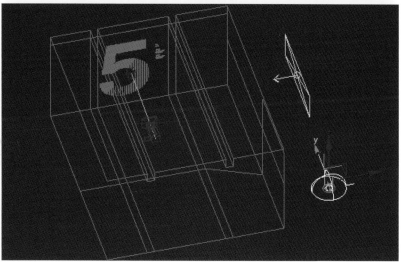

49 Rendering

Dome Light의 Texture에 사용된 HDRI에 따라서 Rendering 느낌이 많이 달라지기도 합니다.
Interactive rendering을 통해 장면의 Material을 확인하면서, 여러분이 좋아하는 느낌으로 만들어 보세요!

Part 06 Wood Object 만들기

엄청 간단한 모양이죠? 옆에서 보면 전체적으로 사다리꼴 형태입니다. 다리는 아래로 갈수록 단면이 좁아지네요.

01 Plane 만들기

옆에서 본 단면 모양을 먼저 만들어보죠. Right View에서 Plane을 만듭니다.

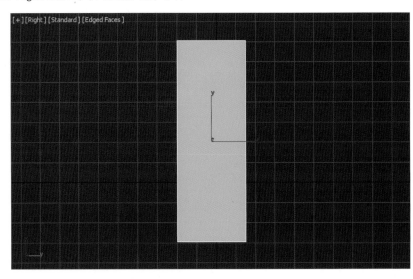

02 Edge 수정

Plane을 Editable Poly로 Convert합니다. 위쪽 Edge를 선택하고 X축 방향으로 Scale해서 "35%" 길이로 줄입니다

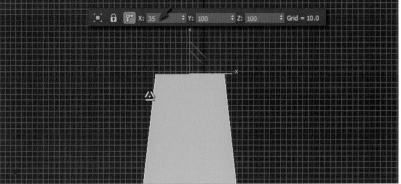

03 다리 형태 만들기

긴 Edge를 선택합니다.

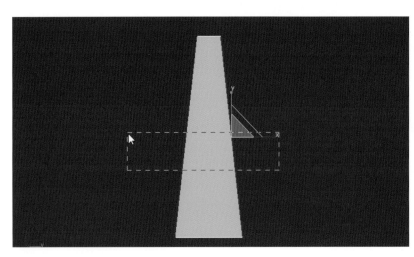

Chamfer Setting 명령을 실행해서 다리의 두께만큼 Edge를 벌려줍니다.

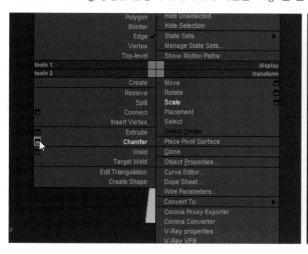 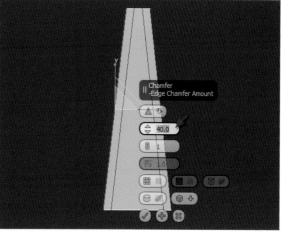

04 Edge Chamfer

선택된 Edge에 Split 명령을 실행해서 면을 분리하고, 위쪽의 가운데 Edge를 선택해서 Chamfer합니다.

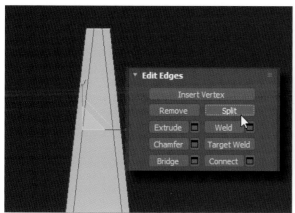 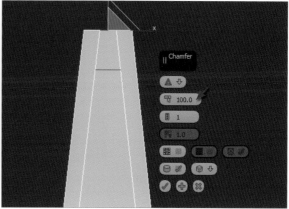

05 Polygon 지우기

Polygon level에서 불필요한 가운데 Polygon을 선택하고 삭제합니다.

 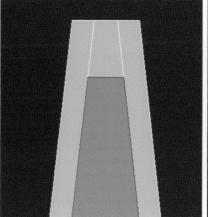 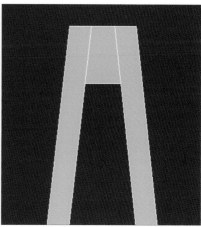

06 Vertex Scale

Vertex level에서 위쪽의 양 끝점을 선택하고, X축으로 "105%" Scale을 키워줍니다. (선택된 점들의 중앙에 축이 있는 상태!)

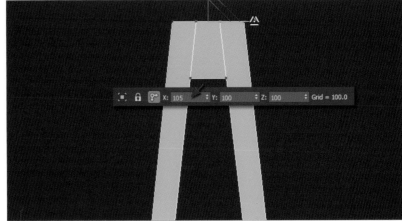

아래쪽 양 끝점을 선택해서, "96%"로 Scale을 줄여줍니다.

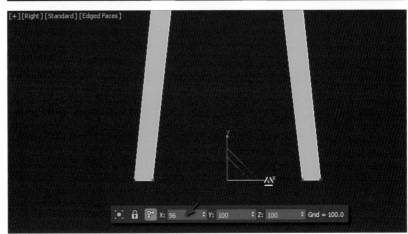

07 Shell로 두께 만들기

Editable Poly의 Vertex level 아이콘이 끄고, Shell modifier를 적용합니다.

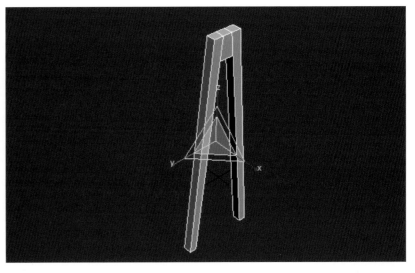

08 Polygon Extrude

Editable Poly로 Convert하고, 가운데 Polygon을 선택해서 Extrude합니다.

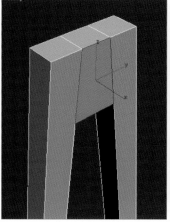
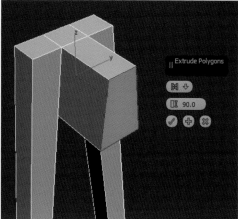

반대쪽 Polygon도 선택해서 만들 물체의 중심 정도까지 Extrude합니다.

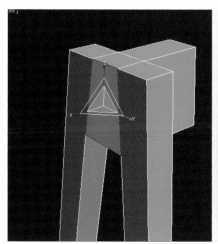

09 Symmetry

만들려는 물체의 절반을 Modeling한 상태입니다. Symmetry 명령을 적용해서 반대쪽도 완성합니다.

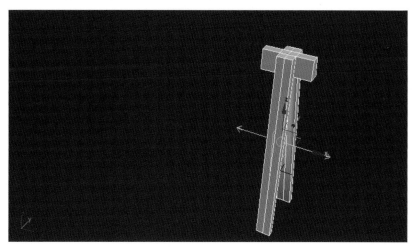

Snap을 켜고, Symmetry 명령의 Mirror Gizmo를 X축 방향으로 움직여서 물체의 끝에 맞춰줍니다.

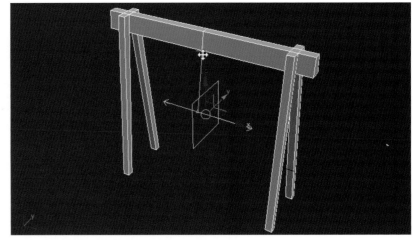

10 Edge Remove

형태가 완성되면 Editable Poly로 Convert합니다. Edge level에서 가운데 Edge를 선택하고 Ctrl+Remove 합니다.

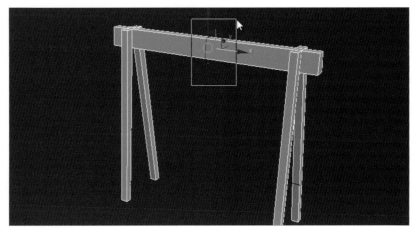

11 Render Size

Render Setup 창[F10]을 열고, Render Size와 비율을 결정합니다.

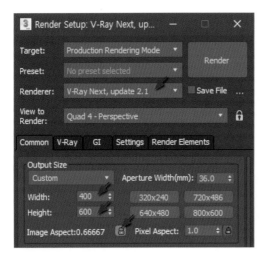

12 Camera View

Perspective View를 선택하고 Shift+F로 Safe Frame이 보이도록 합니다.
View로 조절해서 Ctrl+C를 실행하면, 지금 보이는 View에 맞게 Physical Camera가 만들어집니다.

13 바닥 물체

Top View로 이동합니다.
Camera View에서 봤을 때, 바닥이 잘려 보이지 않도록 적당한 크기의 Plane을 만듭니다.

Front View로 이동합니다.
Align[Alt+A] 명령으로 Plane을 물체의 바닥 면에 붙여줍니다.

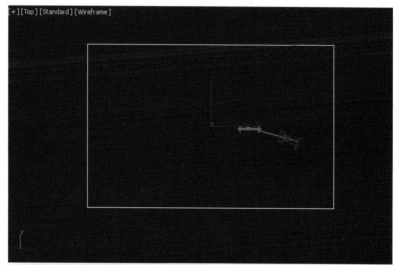

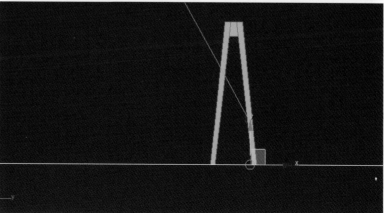

14 Mapping

물체를 선택하고 UVW Map을 Box 형태로 적용한 다음, Editable Poly로 Convert합니다.

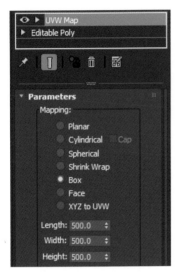

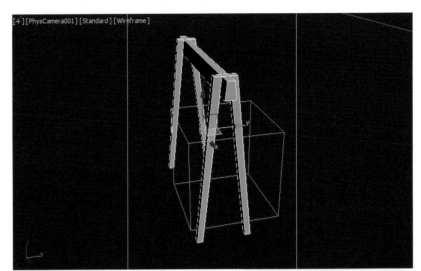

Unwrap UVW를 적용합니다.
Polygon level에서 Ctrl+A로 모든 면
을 선택합니다.

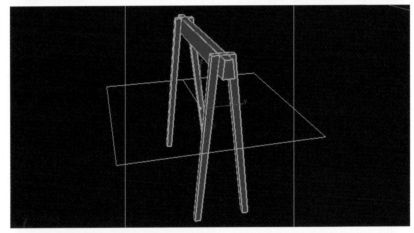

Open UV Editor를 실행해서 물체의
Mapping 상태를 확인합니다.

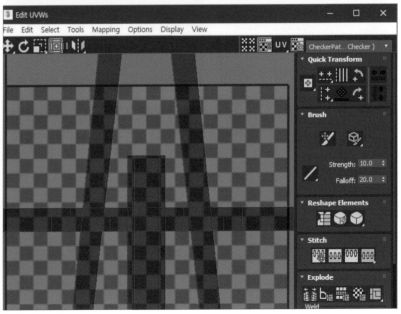

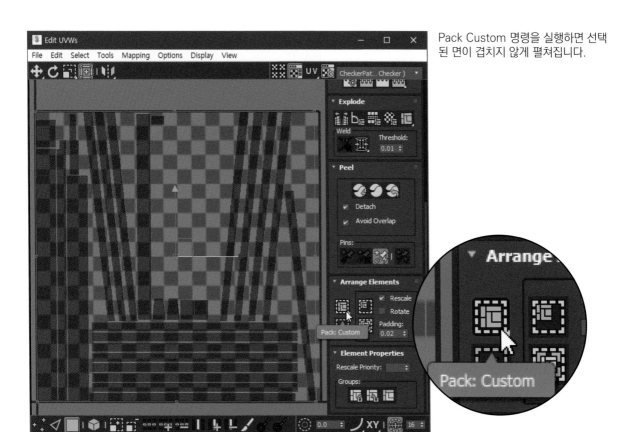

Pack Custom 명령을 실행하면 선택
된 면이 겹치지 않게 펼쳐집니다.

Wood Texture를 사용하기 때문에 나뭇결의 방향이 어떻게 보일지가 중요합니다. Pack Custom의 결과, 면의 길이 방향이 서
로 다르게 배치되어 있네요. 방향이 다른 면을 선택해서 모두 같은 방향이 되도록 회전시켜야 나뭇결이 제대로 보입니다.
버튼 한 번에 자동으로 맞춰지면 좋겠지만, 아무리 단순한 형태라도 조금씩은 따로 손봐야 하는 경우가 대부분입니다. 제대로 된
Mapping 작업을 위해선 인고의 시간이 필요한 법이죠.
적용되는 재질까지 고려하면서 Mapping 작업을 마쳐야 Modeling 과정이 끝났다고 할 수 있습니다.

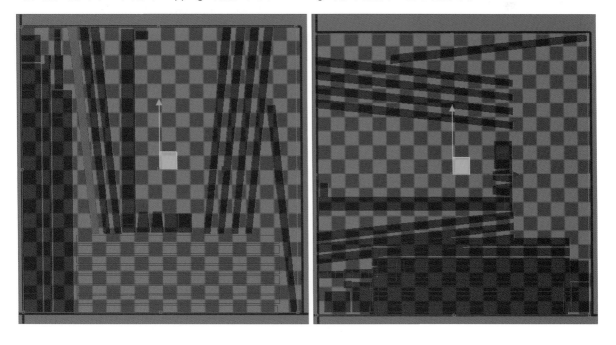

모든 Ploygon을 선택합니다.
다시 Pack Custom을 실행해서 회전된 면들이 잘 펼쳐지도
록 만듭니다.

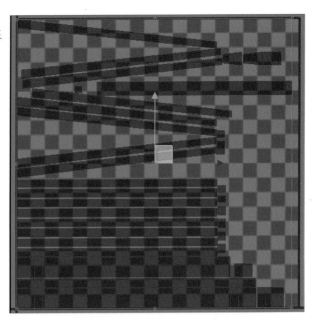

그래도 기울어진 면이 보입니다. Edge level에서 기울어진 면의 한쪽 Edge를 선택하고, Quick Transform 〉 Aligh to Edge를
실행하면 선택된 Edge가 수평이 되도록 해당 Polygon이 회전합니다.

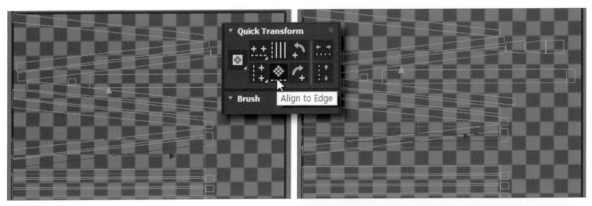

다시 모든 Ploygon을 선택하고, Pack Custom을 실행해서
면을 정리합니다.

15 Edge Chamfer

Editable Poly로 Convert한 다음, 필요없는
Edge는 지워줍니다.

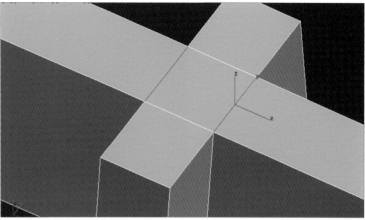

Edge level에서 모든 Edge를 선택해서 Chamfer합니다.

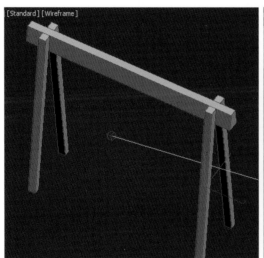

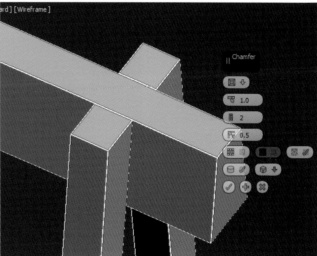

16 Cylinder 만들기

Front View로 이동합니다. 나사를 만들기 위해 장면에 Cylinder를 하나 추가합니다.

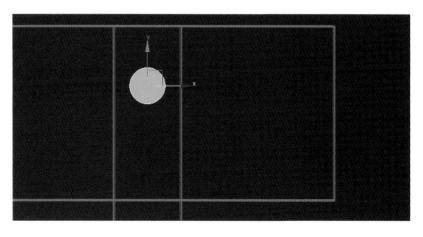

Right View로 이동합니다.
Cylinder가 물체를 통과하도록 길이를
조절합니다.

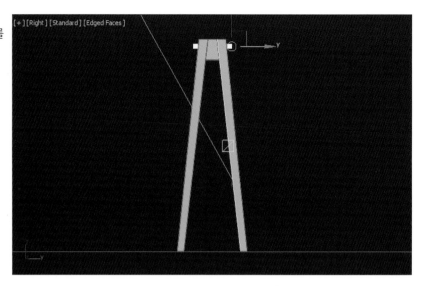

Cylinder를 X축 방향으로 이동해서 다
리의 중심선에 맞추고, Shift+Drag해
서 반대쪽에도 똑같이 복사해줍니다.
이 Cylinder들은 나무 물체에 나사 구
멍을 내는데 사용합니다.

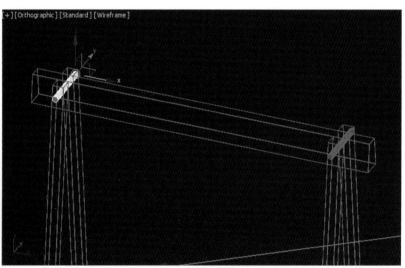

Cylinder가 선택된 상태에서, Ctrl+V
를 실행해서 같은 자리에 Cylinder를
하나 더 복사합니다. 나사를 만드는데
사용될 예정입니다.

이제 나무 물체를 선택합니다.

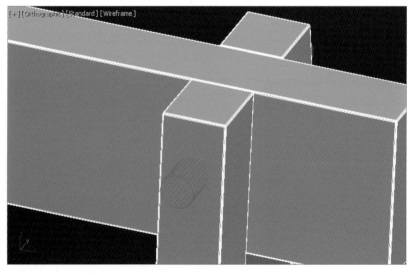

17 ProBoolean

ProBoolean을 적용하고, Start Picking을 실행해서 양쪽 Cylinder를 하나씩 선택합니다. Cylinder 모양대로 구멍이 생깁니다.

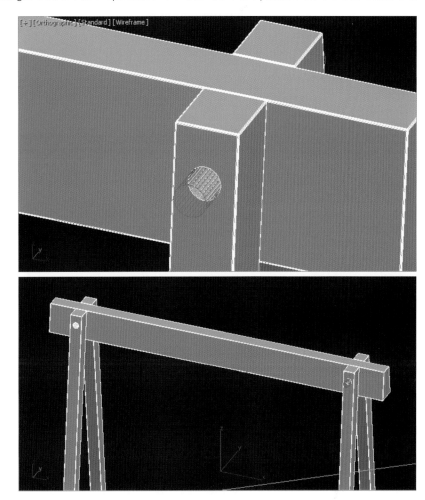

18 Inset

Editable Poly로 Convert하고, Polygon level을 확인하면 구멍 안쪽면이 선택되어 있습니다. 살짝 Inset합니다.

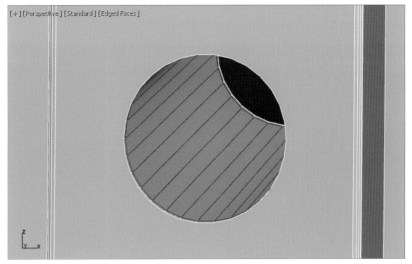

19 Push

Push를 적용하면 선택된 면이 구멍 안쪽으로 밀리면서 구멍의 모서리 Edge를 Chamfer한 것 같은 형태가 됩니다.

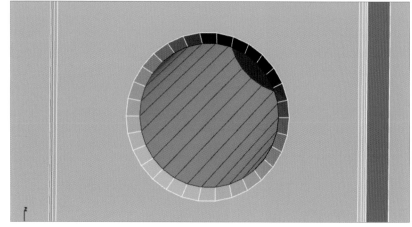

20 Cylinder 나사

남아있는 Cylinder로 나사 물체를 만듭니다. Cylinder 크기를 구멍에 맞게 Scale 조절합니다.

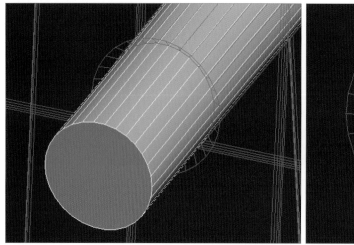
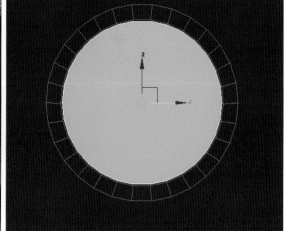

양쪽 끝에 있는 Plolygon의 위치를 조절해서 나무 물체 안으로 넣어줍니다.

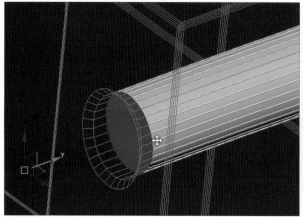
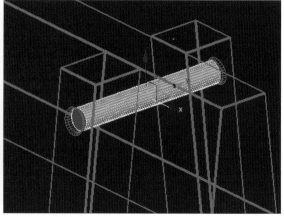

양쪽 끝에 있는 Plolygon을 선택하고, Bevel을 실행해서 모서리 Edge가 Chamfer된 듯한 형태를 만듭니다.

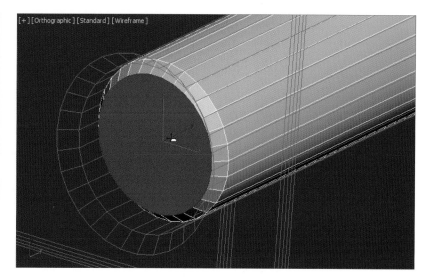

21 복사하기

Snap을 켭니다. 만들어진 나사 형태를 Element level로 선택해서, 반대쪽 구멍에 Shift+Drag로 복사합니다.

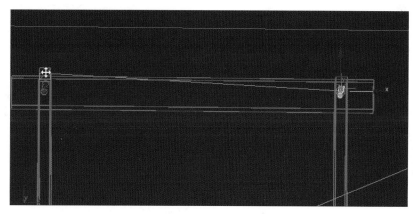

22 Material ID

Multi/Sub-Object 재질을 사용하기 위해, Material modify를 적용하고, 나무 물체는 ID 1, 나사는 ID 2를 각각 지정합니다.

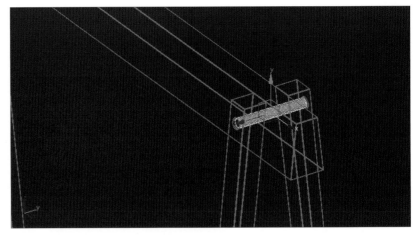

23 재질 만들기

장면의 물체를 "WoodOBJ"라는 Group으로
만들고 Material Editor[M]를 실행합니다.

재질 View에 Multi/Sub-Object material
을 추가하고, Sub ID는 2개만 만들어서 기본
VRayMtl을 하나씩 연결해줍니다.

Multi/Sub-Object 재질을 Group 물
체에 적용합니다.

ID 1은 Wood 재질입니다.
VRayMtl의 Diffuse map에 Wood
Texture를 연결합니다.
Texture Site에서 다운로드 하거나, 검
색에서 찾은 Texture를 수정해서 사용
합니다.

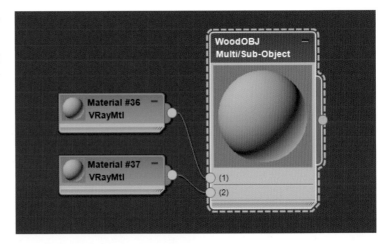

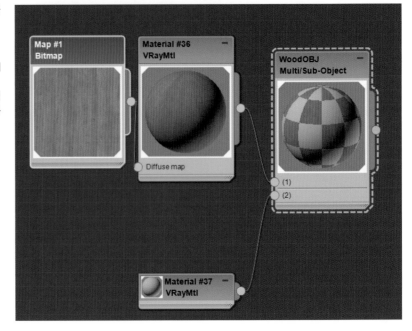

Wood Texture Node를 선택하고, Show Shaded material in Viewport 아이콘을 Click합니다.
선택 옵션에서 Multi/Sub-Object를 선택하면, 적용된 Wood Texture가 Viewport의 물체 위에 보여집니다.

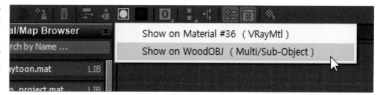

Wood Texture의 나뭇결 방향을 돌리기 위해 Texture의 Coordinates 〉W 옵션을 사용할 수도 있습니다.
W에 90도를 입력합니다.

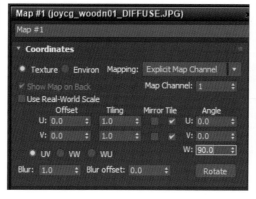

Diffuse에 VRayDirt map을 추가합니다. Texture map에 Color Correction을 추가해서 색상, 채도, 밝기를 조절합니다.

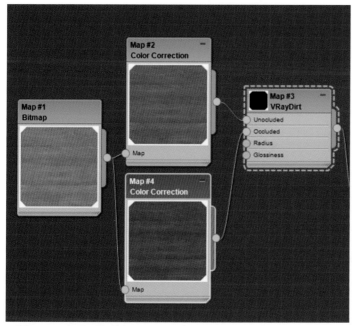

▲ Diffuse map 〉VRayDirt의 Occluded map은 Unoccluded map을 복사하고 Gamma만 살짝 어둡게 만들어서 사용합니다

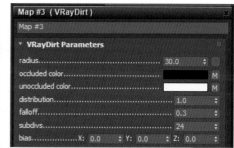

▲ Diffuse map 〉VRayDirt

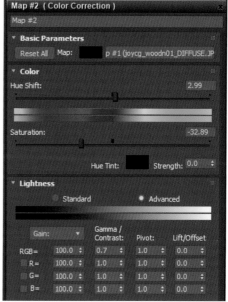

▲ Diffuse map 〉VRayDirt 〉Unoccluded map

대부분의 경우 Reflect map에는 Wood Texture와 비슷한 패턴을 가진 흑백 이미지가 따로 사용됩니다.
Reflect map에 사용될 Texture가 따로 준비되지 않았다면, Color Correction을 사용해서 Diffuse Texture를 흑백으로 만들고 Gamma를 조절해서 사용합니다.

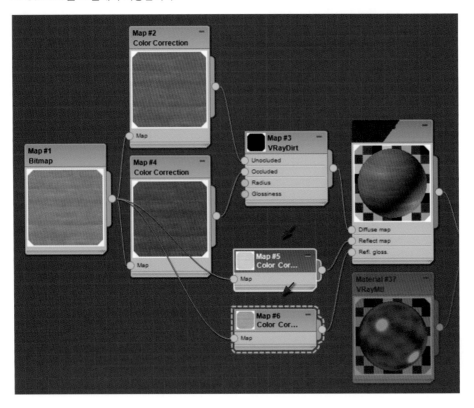

사실적인 느낌을 추가하기 위해 VRayBlendMtl을 사용해서 재질 위에 회색 코팅을 아주 약간 입혀줍니다.
지금까지 만든 재질을 VRayBlendMtl의 Base material로 사용합니다. Coat 1에는 기본 VRayMtl을 연결합니다.
Coat 1의 Blend amount 색상을 수정해서 Coat 1 재질이 얼마나 섞일지 정해줍니다.

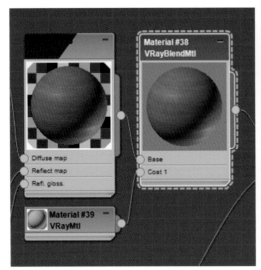

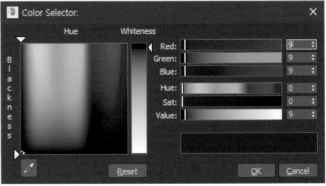

▲ Coat 1의 Blend amount

196

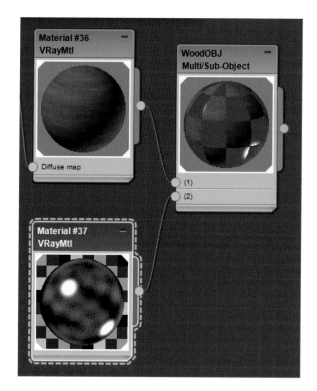

ID 2번 재질은 어두운 금속 재질을 만들려고 합니다.
Diffuse Color를 어두운 회색으로 만들고 Reflection 옵션을
조절해서 반짝거리지 않게, 무광이나 반광 느낌으로 만듭니다.

BRDF는 Ward로 설정했습니다. BRDF의 Type에 따라 물체
에 맺히는 하이라이트의 형태가 조금씩 달라집니다.

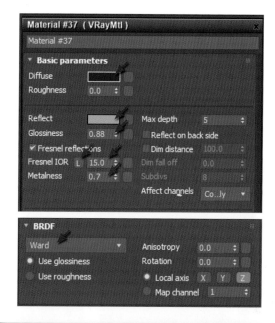

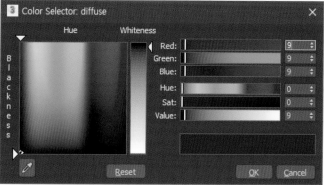

▲ Diffuse Color

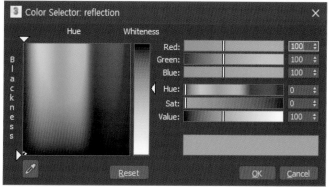

▲ Reflect Color

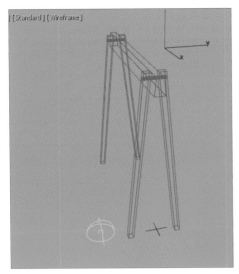

바닥에는 Concrete 느낌의 재질을 사용합니다.
Diffuse의 Texture에 Color Correction map을 사용해서 장면에 어울리게 조절해 보세요!

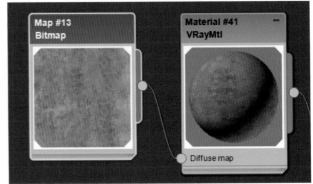

24 Dome Light

VRayLight를 Dome Type으로 만들고, 장면에 어울리는 HDRI를 추가합니다.

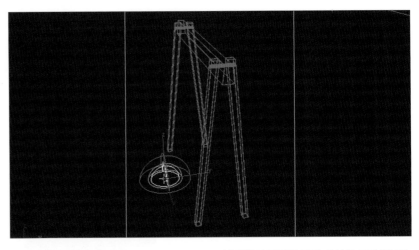

Light의 Multiplier로 기본 밝기를 조절합니다. HDRI를 Material Editor로 Instance 복사해서 장면에 맞게 옵션을 조절합니다.

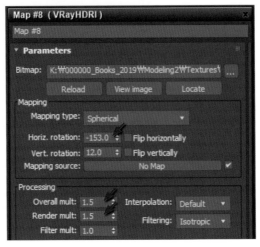

25 벽 만들기

주변 환경을 이루는 공간 구조물이 전혀 없는 상태라서 사방에서 오는 빛의 영향을 받게 됩니다.
촬영 스튜디오를 만든다고 생각하고 바닥과 벽면, 그리고 천장을 만들어주세요.

만들어진 구조물에는 Concrete 재질을 적용합니다. Light와 재질 설정을 확인하는 과정에 Interactive Rendering을 활용하세요!

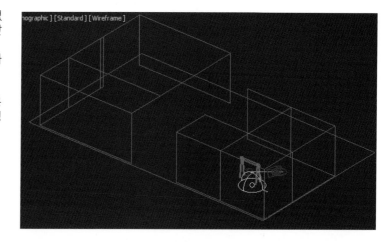

26 Rendering

간단한 구성이지만, 조명의 밝기와 위치를 조금씩 조절해가면서 사실적인 Rendering 결과를 얻을 수 있도록 연습해 보세요!

Part 07 Pendant Light 만들기

이번 Modeling 대상은 긴 합판들이 나선형으로 부드럽게 구부러져 있는, 독특한 형태의 Diva Pendant light입니다.
긴 막대의 구부러진 형태가 모두 다르지만, 부드러운 곡선으로 연결됩니다. 어떻게 접근하면 좋을까요?

01 Cylinder 만들기

Pendant의 기본 형태를 Cylinder에서 출발해 봅니다. Sides가 "28"인 Cylinder를 Perspective View에 만듭니다.

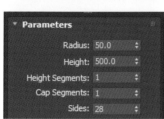
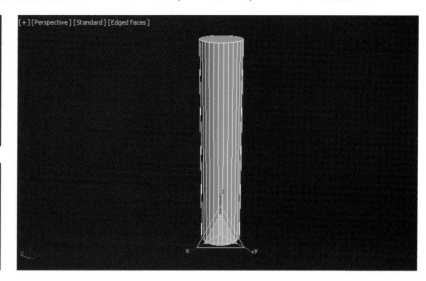

02 Circle 만들기

조명에서 가장 불룩한 부분을 표시해 두기 위해, 반지름이 "180"인 Circle을 만듭니다.

Align [Alt+A] 명령을 사용해서 Cylinder와 Circle의 X, Y축 Center를 정렬합니다.

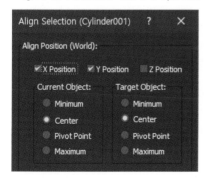
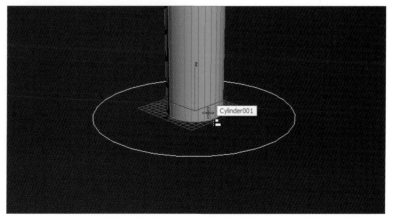

03 Polygon Detach

View를 Orthergraphic View [U]로 바꿔줍니다.
Cylinder를 Editable Poly로 Convert합니다. 위, 아래 Polygon을 Detach해서 독립된 물체로 떼어냅니다.

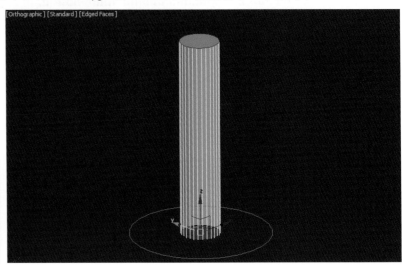

04 QuickSlice

Polygon level을 끄고, Left View에서 QuickSlice 명령으로 물체에 대각선 방향의 Edge를 추가합니다.

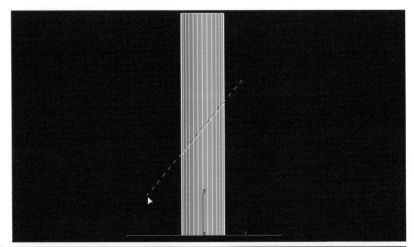

Edge level에서는 QuickSlice로 만들어진 Edge가 선택된 상태입니다.

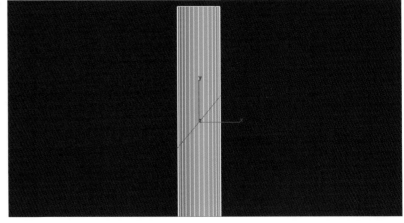

05 Chamfer

Quad menu에서 Chamfer Setting 버튼을 실행하고 선택된 Edge를 Chamfer합니다.

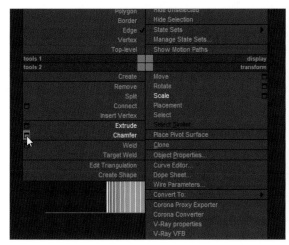 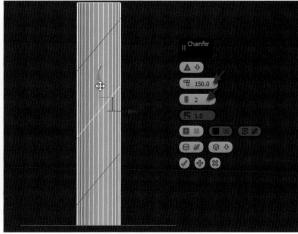

06 Edge Scale

다시 가운데 Edge를 선택하고, Top View
에서 XY축으로 Scale을 키워줍니다.
아까 만들어 둔 Circle에 맞게 크기를 조절
하세요.

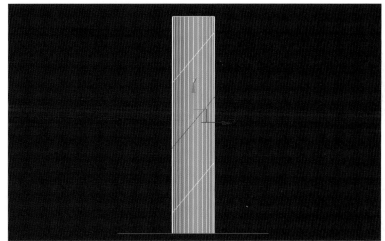

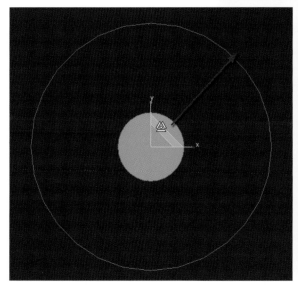 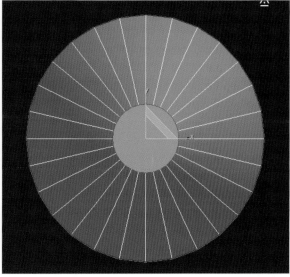

07 Edge 선택

지금까지의 형태를 확인하고, 세로 방향
의 Edge를 Double Click해서 한 줄을
선택합니다.

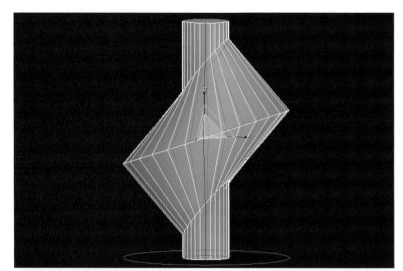

Ring 명령을 실행하면, 세로 방향 Edge
가 모두 선택됩니다.

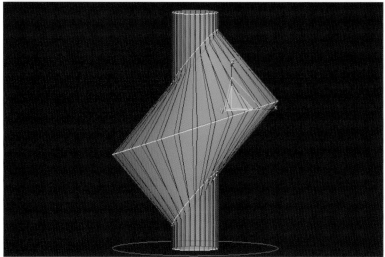

08 Edge Extrude

Quad menu의 Extrude Setting 명령을 실행합니다.
Height는 0으로 하고 Width만 조절해서, 긴 막대 형태에
맞는 폭으로 Edge를 벌려줍니다.

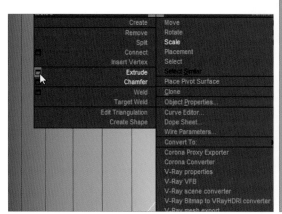

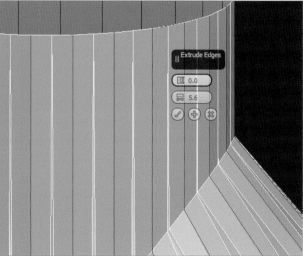

09 Polygon 선택

Ctrl 키와 함께 Polygon 아이콘을 Click하면
선택된 Edge에 인접한 Polygon이 모두 선택
됩니다. Extrude로 벌려 준 폭만큼 선택되겠
죠.

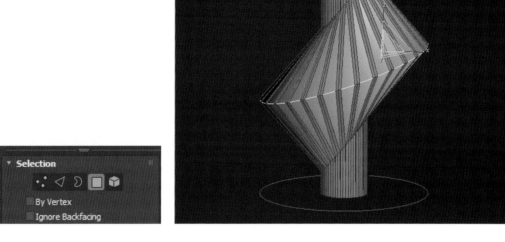

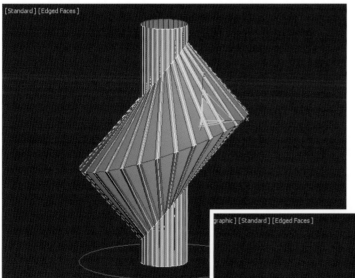

10 Polygon 지우기

Ctrl+I로 선택을 반전시키고 불필요한 면을 삭제
합니다.

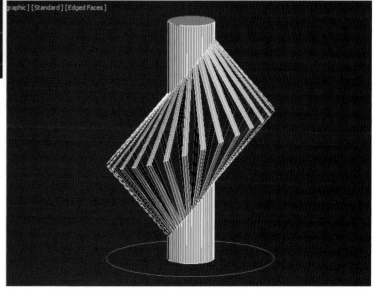

11 Edge Remove

Edge level에서 지금 선택되어있는 Edge를 확인합니다. Extrude에 사용한 Edge가 그대로 선택된 상태입니다.
Ctrl+Remove 명령으로 Edge와 그에 속한 Vertex를 함께 삭제해 줍니다.

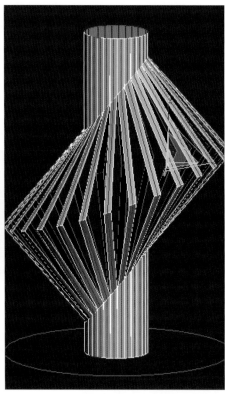

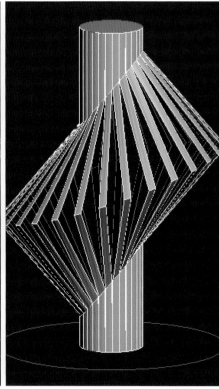

12 Edge Select

Vertex level로 가서, 지워 준 Vertex가 남아있지는 않은지 확인합니다.
Edge level에서 아래쪽 Edge를 이미지와 같이 선택합니다.

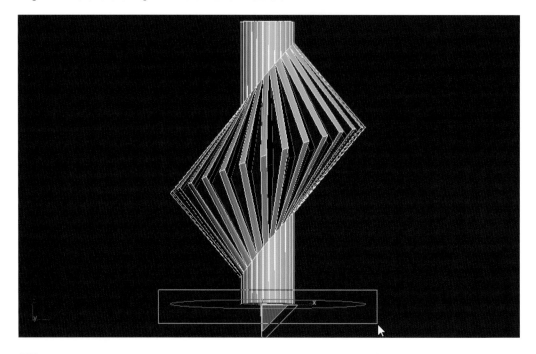

13 Ring Shift

Ring 명령의 옆에 보이는 Spinner에서 위쪽 삼각형을 누르면 Edge 선택이 위쪽으로 한 칸씩 이동합니다. 유용한 기능이지만 평소에 잘 사용하지 않아서 모르는 분도 많을 것 같네요. 이렇게 해서 가운데 Edge만 선택합니다.

 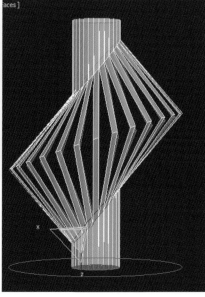 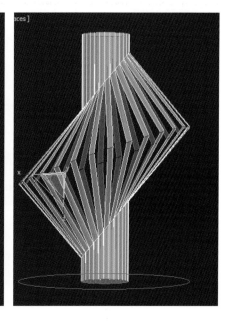

14 Scale

Main toolbar의 Scale 아이콘을 Click해서 Select and Non-Uniform Scale을 선택하고, 마우스 오른쪽 버튼을 눌러서 Scale Transform Type-in 창이 뜨면 Z축 값을 "0"으로 만듭니다. 기울어져 있던 Edge가 각자 수평 방향으로 정렬됩니다.

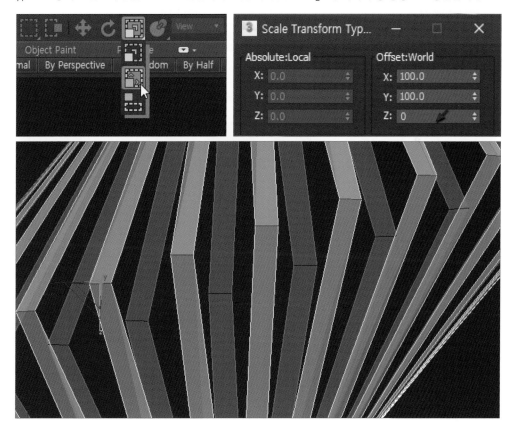

위, 아래 Edge도 각각 선택해서, 같은 방법으로 수평 방향으로 정렬시킵니다.

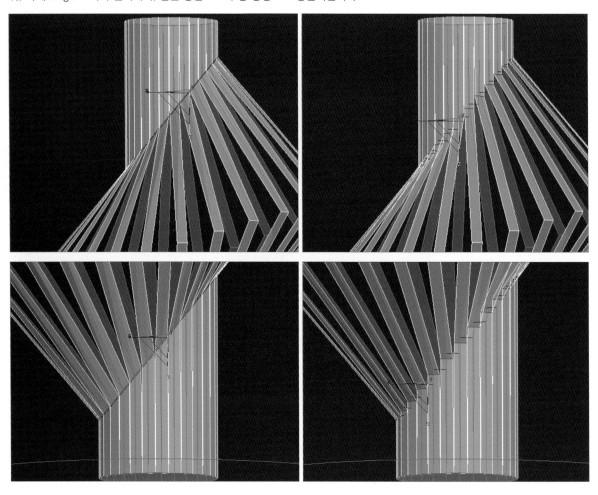

15 Edge 이동

가운데 Edge를 선택하고 Z축 방향으로
내려서 조명 형태와 비슷하게 만듭니다.

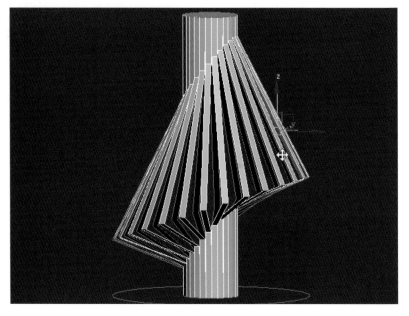

16 Edge Chamfer

Quad menu에서 Chamfer setting 명령을 실행합니다.
근접해도 각져 보이지 않게 Segment를 넉넉하게 추가해서 모서리를 부드러운 곡선 형태로 만듭니다.

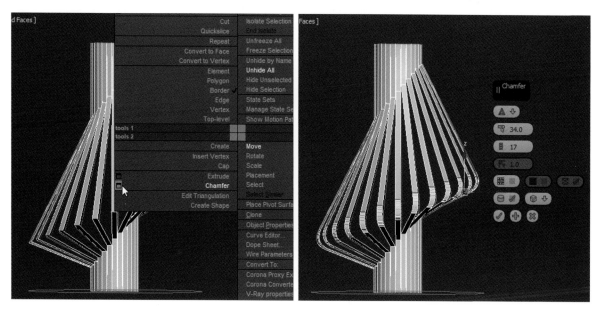

17 필요한 Edge 선택하기

이번에는 다른 선택 방법을 활용해 봅니다. 위, 아래의 Polygon을 같이 선택합니다.
Ctrl+Edge level 아이콘을 Click하면, 선택된 Polygon에 해당하는 모든 Edge가 선택됩니다.

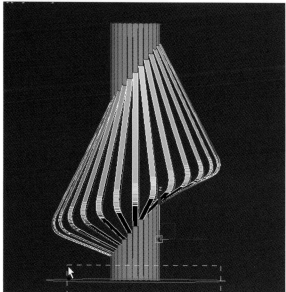

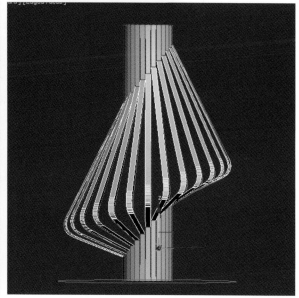

위, 아래 불필요한 Edge는 Alt 키를 누른 상태로 Darg해서 선택 해제합니다.

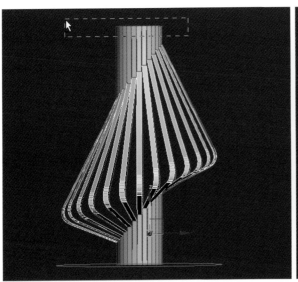 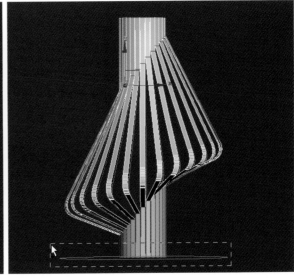

18 Edge Chamfer

Quad menu에서 Chamfer setting 명령을 실행하고 선택된 Edge를 Chamfer합니다.

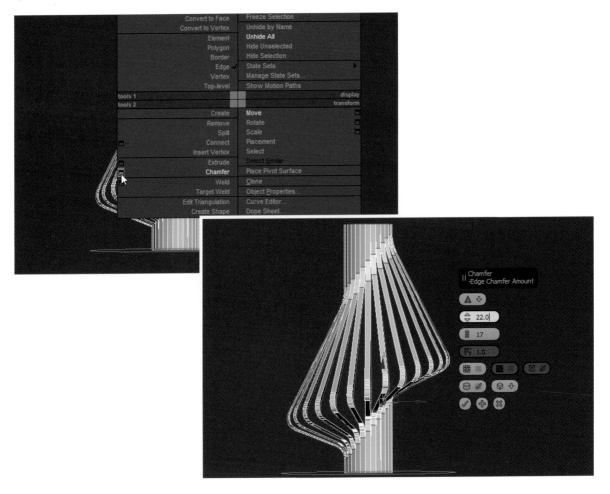

19 Shell

Shell modifier를 적용해서 두께를 만듭니다.

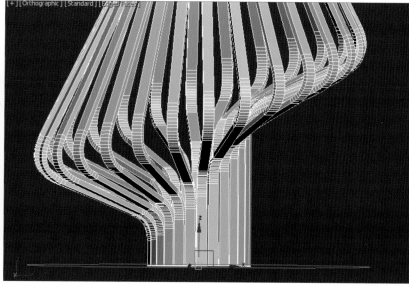

20 Shell

처음에 Detach한, Cylinder의 윗면, 아랫면 물체에 Shell 명령을 적용하고 안쪽, 바깥쪽 면이 선택되는 옵션을 모두 켜줍니다.

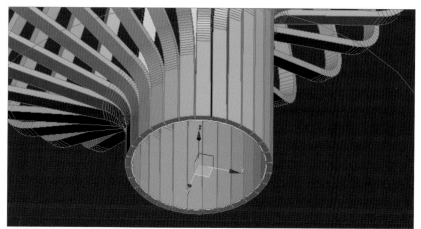

21 TurboSmooth

Editable Poly로 Convert하고, Polygon level에서 선택된 Polygon을 삭제합니다. 물체의 형태를 부드럽게 만들기 위해 TurboSmooth를 적용하고, 주변 물체와 생긴 틈은 Push를 적용해서 줄여줍니다.

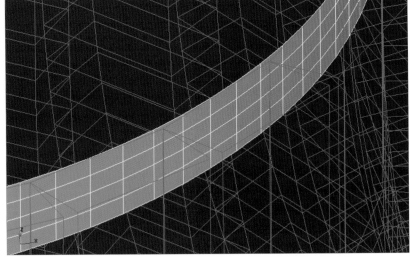

22 Edge Remove

Editable Poly로 Convert하고, 불필요한 Edge는 선택해서 Ctrl+Remove합니다.

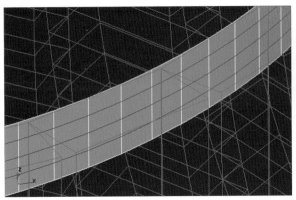
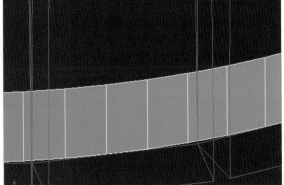

23 Border

Border로 테두리를 선택하고 Scale Gizmo의 X,Y 축을 Shift+Drag해서 옆의 그림과 같이 새로운 면을 만듭니다.

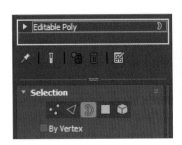
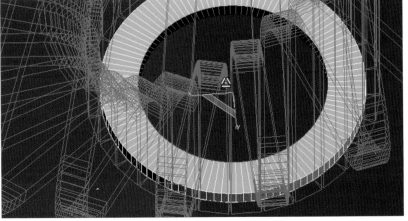

현재 선택된 Border에 Collapse 명령을 적용해서 한 점으로 합쳐줍니다.

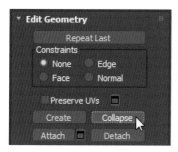

24 Polygon Select

물체의 아래 면에서 가운데 Vertex를 선택하고, Ctrl+Polygon 아이콘을 Click하면 아래 Polygon이 모두 선택됩니다.

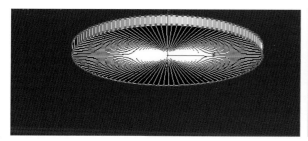

25 Detach 〉 형태 조절

선택된 면을 Detach해서 복사합니다.
Detach된 물체를 선택하고, Scale, Extrude 기능을 활용해서 전구 소켓이 달린 봉을 만듭니다. 우선 긴 막대기 형태로 만듭니다.

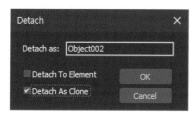

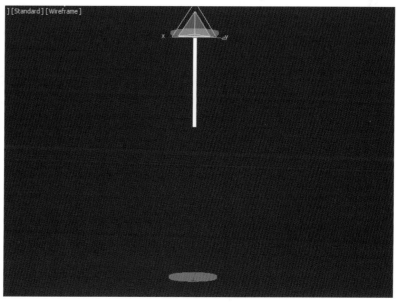

물체의 아래쪽에 전구가 달리는 소켓 형태를 만들기 위해, Edge를 추가하고 Polygon을 Extrude해서 형태를 만듭니다.

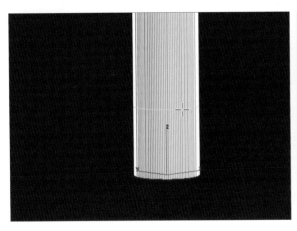 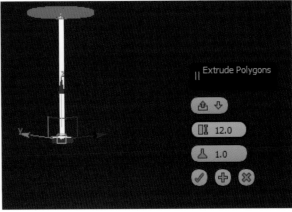

26 전구 만들기

전구로 사용할 Sphere를 만들고 위치를 조절합니다.

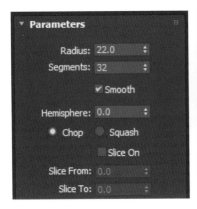 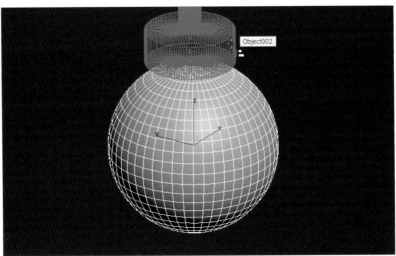

Sphere의 위쪽 Polygon을 선택하고 Extrude합니다. 지금 선택되어있는 Polygon을 지우고 각진 부분의 Edge를 선택해서 Chamfer로 부드럽게 만들어줍니다.

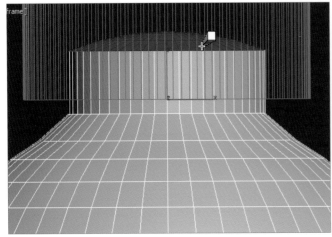 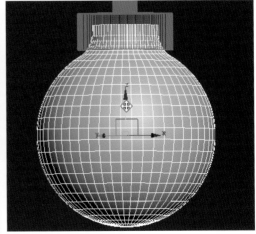

27 고리핀 만들기

Circle을 수정해서 고리핀을 만들고, Helix를 활용해서 고리핀에 연결된 Pendant 줄을 만듭니다.

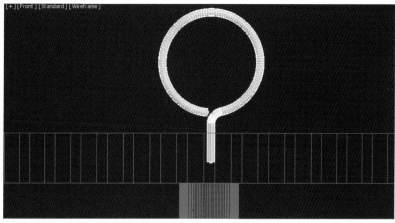

만들어진 고리핀을 감는 형태로 Helix를 만들고, Editable Spline으로 변환해서 묶어놓은 부분을 만듭니다. (어렵다면 패스!)

28 전선 만들기

Line 명령으로 전선 형태를 만들고, Vertex를 움직여서 자연스러운 형태로 조절합니다.

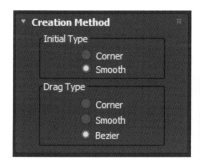

29 Material ID

조명갓에 해당하는 2개 물체에는 나무 재질을 줘야겠죠. Material modifier를 적용해서 Material ID를 "1"로 설정합니다.

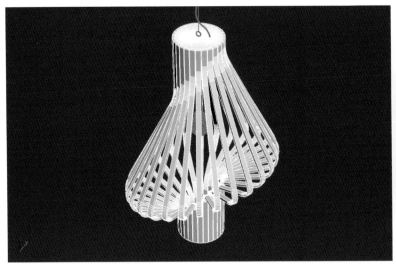

전구 소켓 부분은 금속 재질을 줄 생각입니다. ID "2"로 설정합니다.

전구 물체에는 VRay2SidedMtl이나 VRayLightMtl을 줘야겠네요. ID "3"을 적용합니다.

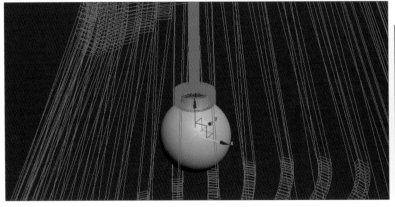

고리 물체는 당연히 금속재질이겠죠. ID "4"를 적용합니다.

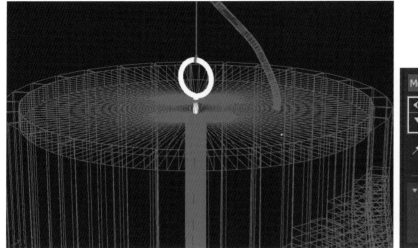

Pendant 줄은 ID "5"을 적용합니다.

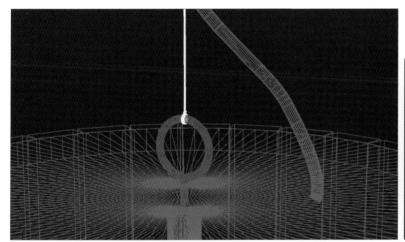

전선은 ID "6"으로 설정합니다.

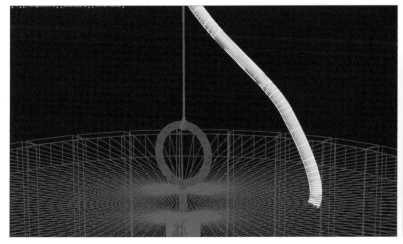

30 Group 만들기

장면의 모든 물체를 선택하고 Group으로 만듭니다.(여러분이 알기 쉬운 이름으로 정하세요!)

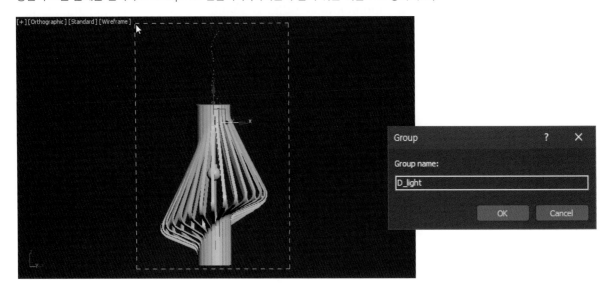

31 기본 재질 만들기

이 작업에서 전구는 VRayLightMtl을 사용하고, 나머지 재질은 VRayMtl 기본값을 연결해줍니다.

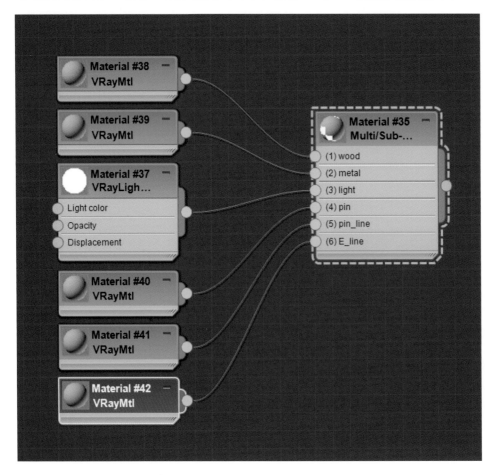

Material ID 3에 추가한 VRayLightMtl의 Light Color에 Falloff map을 사용합니다.
Falloff map의 Side Color를 진한 색으로 설정해서 전구의 중심부보다 실루엣 부분이 어둡게 보이도록 합니다.

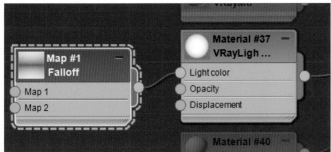 

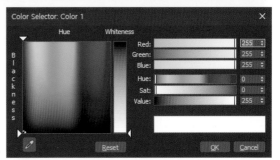

Falloff map의 Color 1 ▶

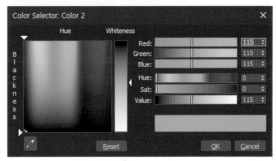

Falloff map의 Color 2 ▶

32 Camera 만들기

Perspective View를 조절하고 Ctrl+C로 Physical Camera를 만든 후, 다음과 같이 옵션을 조절합니다.

 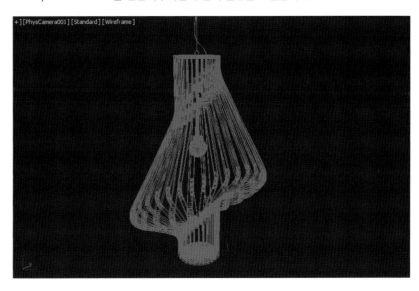

33 Render Size

Render Setup[F10]에서 Render Size를 입력한 후, Camera View에서 Safe Frame에 맞게 View를 수정합니다.

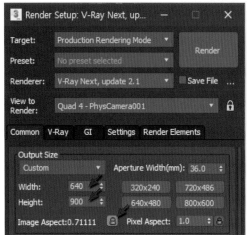 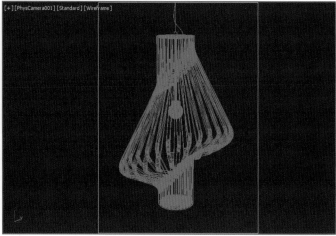

34 배경 물체

Front View에서 Plane을 만들고 조명 물체 뒤로 이동시켜 줍니다.

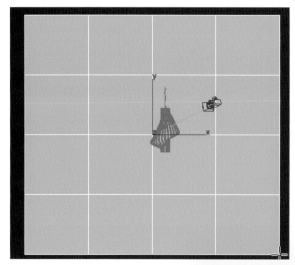 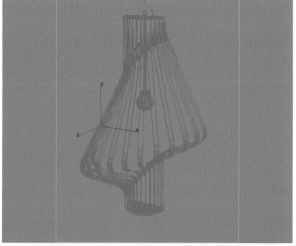

Top View에서 카메라 방향에 맞게 회전시켜 줍니다.

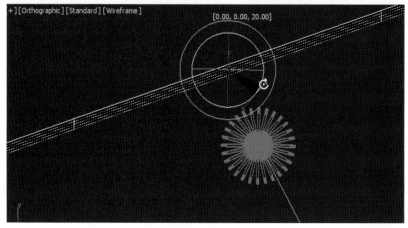

35 Test Rendering

Test Rendering 해보면, 장면에 Light가 없기 때문에 VRay-Light 재질에 의해서 그 주변만 살짝 밝아 보이네요.

36 전구에 이름 정하기

Group menu〉Open으로 Group을 열어서 전구 물체만 선택하고 이름을 수정합니다.

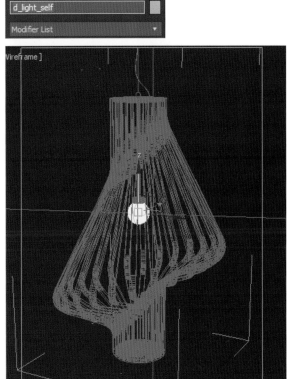

37 VRayLight

VRayLight를 Sphere 형태로 만들고, 전구 물체의 위치에 Align 명령으로 정렬합니다.
Light의 Units, Multiplier를 수정하고 Mode는 Temperature로 선택해서 Temperature 값을 "5200"으로 수정합니다.

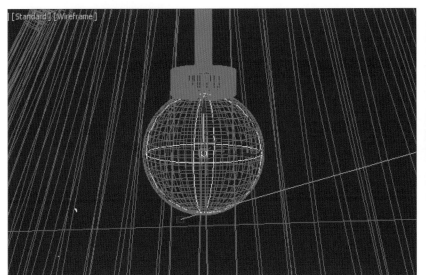

VRayLight의 Options을 다음과 같이 수정하고, Exclude에서 전구 물체만 제외시켜 Light의 영향을 받지 않도록 합니다.

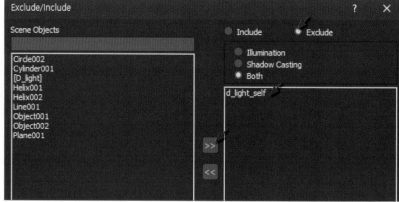

38 실시간 Rendering

조명을 수정하면서 장면이 어떻게 바뀌는지 실시간으로 확인하기 위해 Start interactive rendering을 실행합니다.

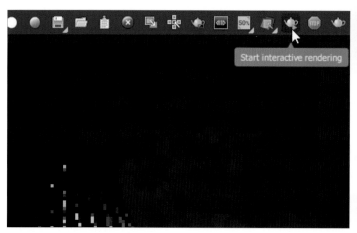

39 VRayLightMtl 수정하기

VRayLightMtl의 옵션을 수정해서 전구가 밝게 빛나도록 합니다.

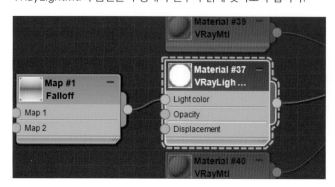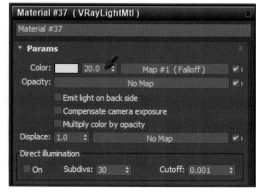

40 Dome Light

장면에 Dome Type의 VRayLight를 만듭니다.
회색 계열의 실내 공간 이미지를 HDRI에 적용하고, 실시간
Rendering을 보면서 밝기를 조절합니다.

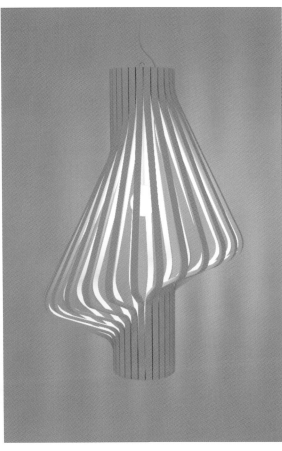

41 배경 Plane 재질

배경 물체에는 부드럽게 퍼지는 반사 이미지를 가진 어두운 회색 재질을 적용합니다. Reflect map에 Falloff map을 사용하고
Glossiness 수치를 조금 낮춰줍니다. BRDF를 Ward로 설정해서 하이라이트가 부드럽게 퍼지는 재질을 만듭니다.

Falloff map의 Color와 Falloff Type을 수정해서 사용합니다.

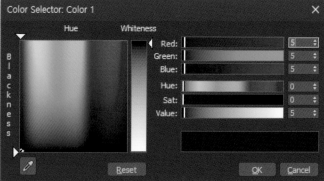

▲ Falloff map의 Color 1

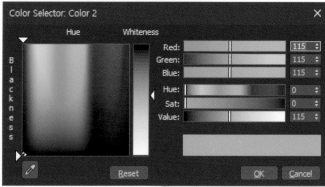

▲ Falloff map의 Color 2

42 Rendering 확인

장면의 Rendering 느낌을 확인하고, 수정할 부분을 확인합니다.

나머지 다른 재질도 만들어보세요.

43 Rendering

무늬가 없는 흰색 재질의 조명
으로 표현해 보았습니다.
모든 재질의 색상은 흰색 계열
로 지정하고, 반사나 다른 옵션
을 조금씩 조절해서 물체에 맞
는 재질감을 표현합니다 .

금속 물체에는 일반적인 금속재
질을 만들어서 적용했습니다.

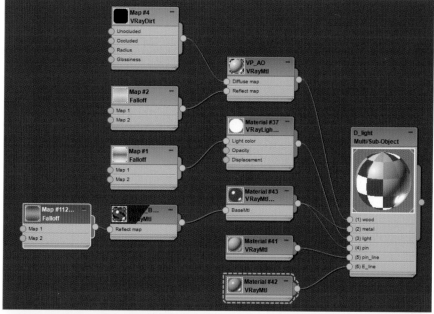

이렇게 수정된 재질이 적용된
Rendering 이미지입니다.

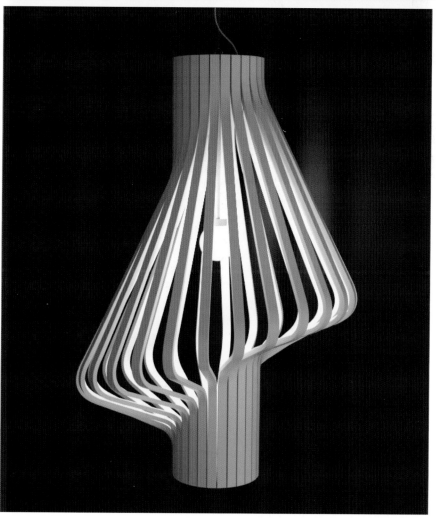

Part 08 Standing Signboard 만들기

빌딩의 층을 안내하는 Signboard입니다.
색유리와 투명 유리의 재질, 그리고 간접 조명을 어떻게 표현해야 할지 생각해보고 Modeling을 시작합니다.

01 Box 만들기

Perspective View에서 전체 크기에 해당하는 Box를 만듭니다.

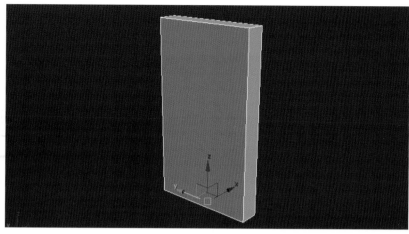

02 Text 만들기

Left View에서 Box와 비슷한 크기의 Text를 만듭니다. Text 숫자는 "5"를 사용했습니다.

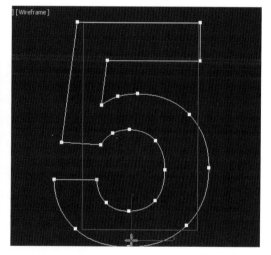

03 Rectangle 만들기

Snap을 켠 상태에서, Box와 같은 크기의 Rectangle을 만듭니다.

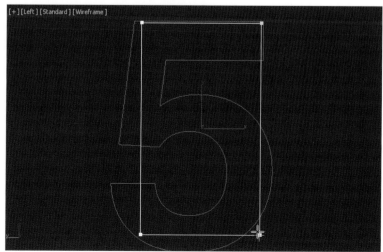

04 Layer 만들기

Layer 기능을 사용하면, 장면 안의 구성요소를 특성에 맞게 분류하고 정리해서 좀 더 효율적으로 관리할 수 있습니다.
Text와 Rectangle을 같이 선택하고 Create New Layer 아이콘을 눌러서 새로운 Layer에 넣어줍니다. 새로 만든 Layer를 Off 해서 Box만 보이게 하고 다음 작업을 해보죠.

05 Polygon 선택

Box를 Editable Poly로 Convert하고, 위,아래 Polygon을 선택합니다.

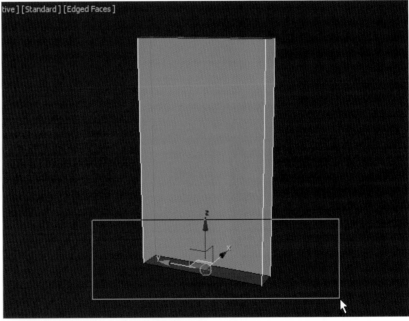

선택된 면을 Detach하고, 이름을 "lightbox"로 입력합니다. 이 부분에 조명을 만들어줍니다.

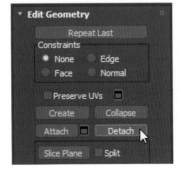
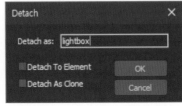

06 Detach

양쪽 측면도 Detach합니다.

07 Shell / Set ID

남아있는 면으로 유리판을 만듭니다. Shell 명령으로 유리 두께를 주고, 측면이 선택되도록 Select Edges 옵션을 선택합니다.
Editable Poly로 바꾸고 선택된 Polygon에 Material ID를 "2"로 설정합니다. (유리에 2개의 재질을 사용할 계획입니다!)

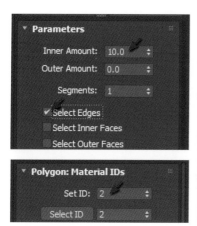

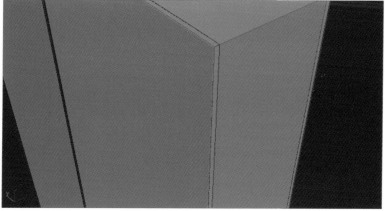

08 Set ID

Ctrl+I로 선택을 반전시키고, Material ID 를 "1"로 설정합니다.

09 Smoothing Groups

모든 면을 선택[Ctrl+A]하고, Smooth-
ing Group의 Clear All을 실행합니다.
유리 물체는 Smootong Group에 의해
굴절이나 반사가 다르게 Rendering될 수
있기 때문에 모두 제거해줍니다.

10 Shell 명령으로 간격띄우기

측면 물체를 선택하고, Shell 명령을 적용해서 두께는 "0.01"로 만듭니다. (바깥 면이 선택되는 옵션 체크)

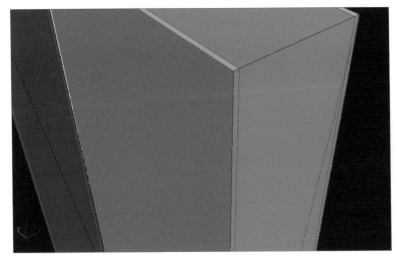

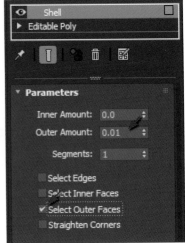

11 Polygon 삭제

Editable Poly로 바꾸고, Ctrl+I로 선
택을 반전시켜서 삭제합니다. 원래보다
0.01만큼 띄워진 면이 만들어졌습니다.

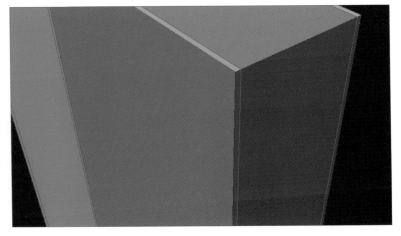

12 유리 두께 만들기

Shell 명령으로 유리의 두께를 만들고, 측면 부분이 자동 선택되는 옵션을 선택합니다.

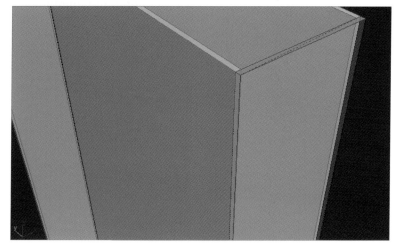

13 Material ID

Editable Poly로 Convert합니다. 선택된 측면 Polygon에 Set ID "2"를 주고, 선택을 반전시켜서 Set ID "1"을 지정합니다.

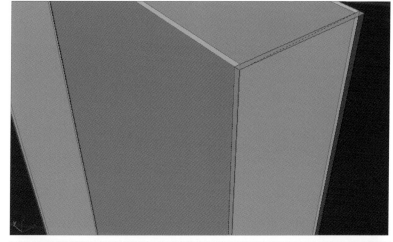

14 Smoothing Groups

모든 면을 선택(Ctrl+A)하고 Smoothing
Group의 Clear All을 실행합니다.

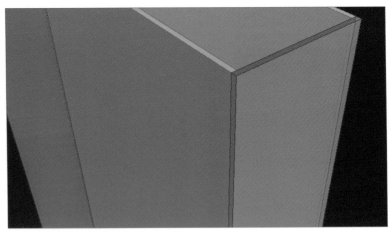

15 Attach로 합치기

Attach 명령으로 앞에서 만든 유리와 한 물체로 만들고, 이름은 "glass"로 수정합니다.

16 Lightbox 물체 수정

처음에 Detach해 둔 Lightbox 물체를 선택하고, Top View에서 Vertex를 움직여서 "glass" 물체의 형태에 맞춰줍니다.

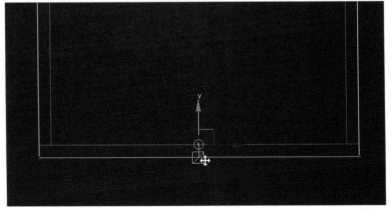

17 Shell로 두께 만들기

Shell 명령으로 두께를 만들고, 측면이
선택되도록 옵션을 선택합니다.

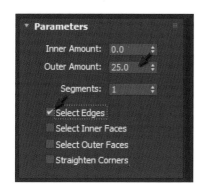

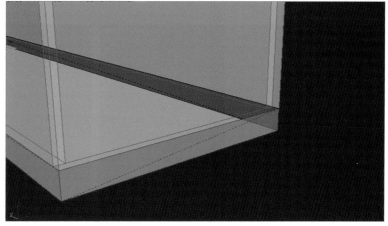

18 Polygon Extrude

Editable Poly로 바꾸고, 선택된 Polygon
을 Extrude 합니다.

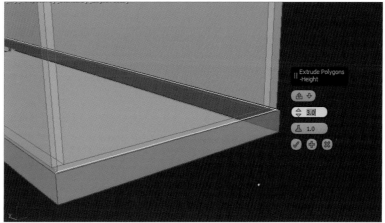

19 Polygon 선택

물체의 위, 아래면을 이미지처럼 선택합니다.

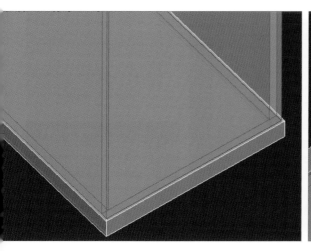

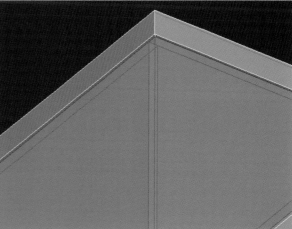

20 Lightbox 물체 수정

선택된 면을 "10~15" 정도 Inset
합니다.

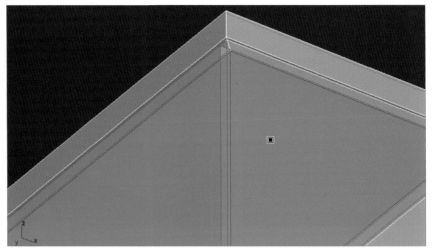

21 Edge Connect

Top View로 이동합니다.
Edge level에서 이미지처럼 Edge
를 선택합니다.

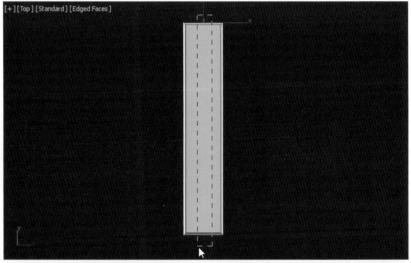

Connect 명령으로 Edge를 추가
하고, 추가된 Edge를 Chamfer합
니다.

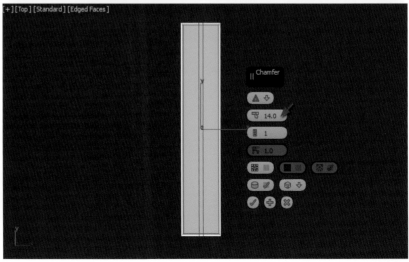

22 Polygon Select

Polygon level에서 가운데 Polygon을 빼줍니다. (Alt+Drag로 선택 제외)

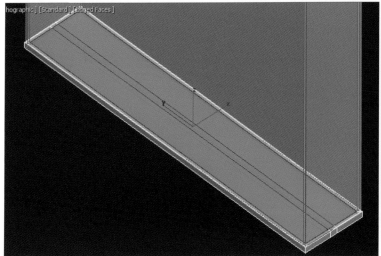
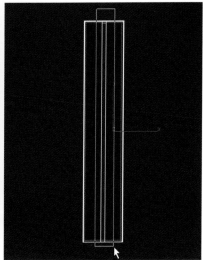

23 Detach로 떼어내기

선택된 면은 "lightbox"라는 이름으로 Detach합니다. 현재 선택된 물체의 이름을 "lightbox _frame"으로 수정합니다.

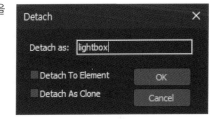

24 Border Select

Border level[숫자키 3]에서 물체의 아래쪽 Border를 먼저 선택합니다.

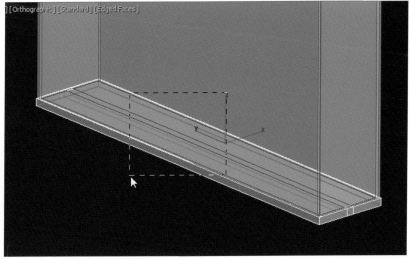

25 형태 만들기

Left View로 이동합니다.
선택된 Border를 Y축 아래 방향으로 Shift+Drag해서 새로운 면을 만들고, Cap 명령으로 막아줍니다.

위쪽도 같은 방법으로 형태를 만들고, 물체에 Material modifier를 적용해서 Material ID는 "4"로 합니다.

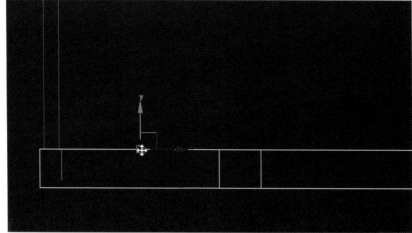

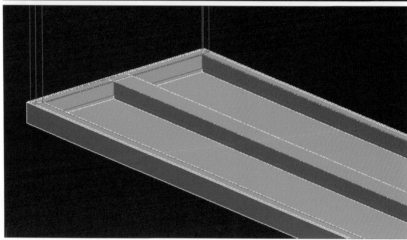

26 틈 만들기

떼어둔 lightbox 물체에서 Edge를 모두 선택하고, 틈을 만들기 위해 Chamfer setting을 적용합니다.
Open 옵션으로 Chamfer를 적용하면, Chamfer된 면이 삭제됩니다.

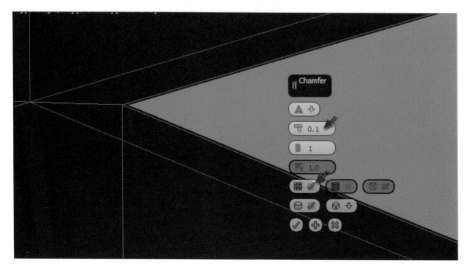

27 두께 만들기

Shell을 적용해서 안쪽으로 두께를 만들고, Material ID는 "3"으로 설정합니다.

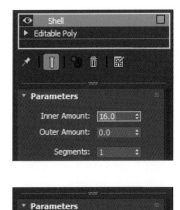

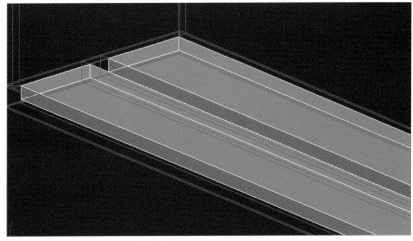

28 Light

Top View에서 Plane Type의 VRayLight를 lightbox 안쪽에 들어가는 크기로 만들고, 옆으로 Instance 복사합니다.

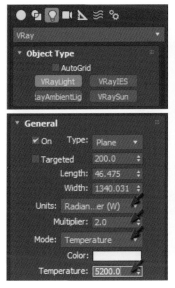

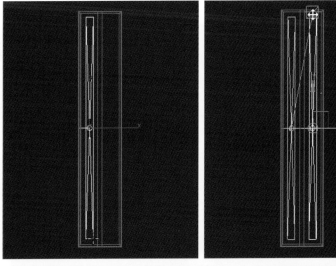

Front View에서 Light의 위치를 조절해서 lightbox 물체의 안쪽에 넣어줍니다.

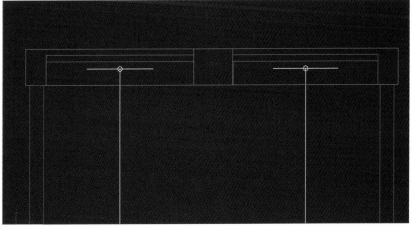

29 Light 복사

두 개의 Light를 다시 아래쪽으로 Instance 복사하고, 방향을 180도 돌려줍니다.
Light의 위치를 이동시켜서 아래 lightbox의 안쪽에 넣어줍니다.

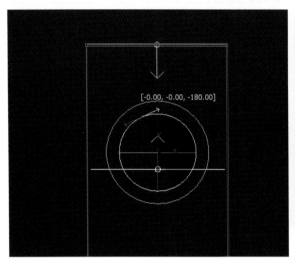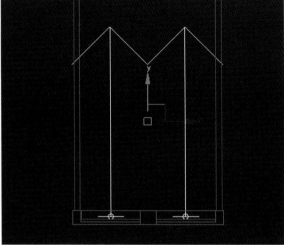

30 Group

Light를 제외한 나머지 물체를 모두
선택하고 Group으로 만듭니다.

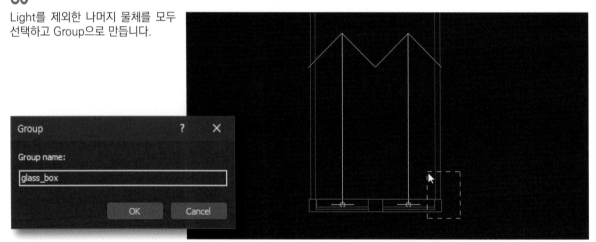

31 Layer

숨겨둔 Text와 Rectangle이 속한 Layer를 켜줍니다.
Default Layer를 Off하고, 오른쪽 그림과 같이 아이콘을 Click해서 Text가 포함
된 Layer를 작업 Layer로 만듭니다.

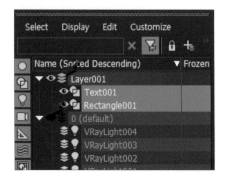

32 위치 조절

먼저 Rectangle을 Text 위치에 Snap으로 맞춰줍니다.

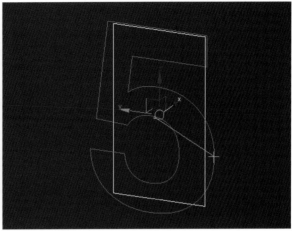

33 Boolean

Editable Spline으로 바꾸고, Attach 명령으로 한 물체로 만듭니다.

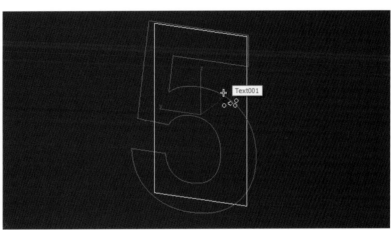

Spline level에서 숫자를 선택하고, Boolean 〉 Intersection을 실행한 후, Rectangle을 Click합니다.

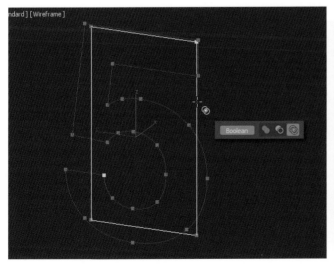
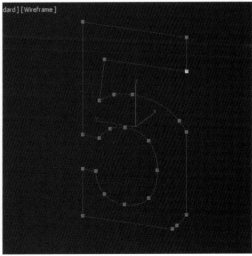

34 Shell

Shell 명령으로 앞뒤 같은 두께를 주고, 안쪽 면이 자동 선택되는 옵션을 선택해서 Editable Poly로 Convert합니다.

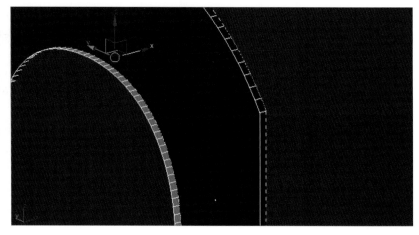

35 Detach Element

유리 뒷면에만 색이 입혀진 효과를 만들기 위해, 숫자 "5"의 안쪽 면을 따로 뜯어서 앞을 바라보게 뒤집어 주려고 합니다.
Polygon level에서 선택된 안쪽 면을 Element로 Detach합니다. Detach한 면을 Flip 명령으로 뒤집어줍니다.

36 Material ID

현재 Element에는 Set ID를 "2"로
설정합니다.

Ctrl+I로 선택을 반전시켜 Set ID를 "1"로 설정합니다.

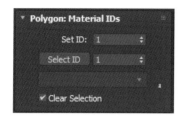

37 glass_box Materials

4개의 ID를 갖는 Multi/Sub-Object material을 만들고, VRayMtl을 연결해서 glass_box Group 물체에 적용합니다
재질 수정할 때 빠르게 인식할 수 있도록 재질 ID마다 이름을 정해주는 것이 좋아요!

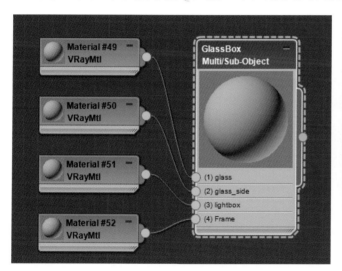

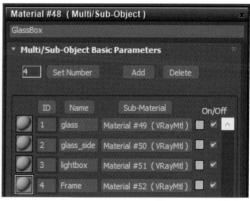

ID 1의 유리 재질은 Reflect의 반사와 Refract의 굴절 부분을 조절해서 투명하게 만듭니다.
Test Rendering을 하면서 수정할 수 있기 때문에, 처음에는 간단하게 Reflect Color, Refract Color를 모두 흰색으로 조절합니다.

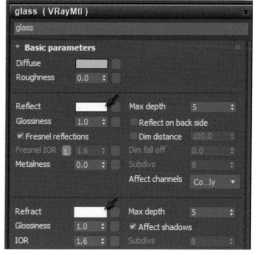

Viewport를 확인하면 유리가 투명해져서 안쪽 숫자
가 보이네요!

38 Render size

Render Setup에서 Size를 정하고 Safe Frame을 보이게 해서 Pespective View를 조절합니다.
Perspective View에서 Ctrl+C로 Physical Camera를 만듭니다.

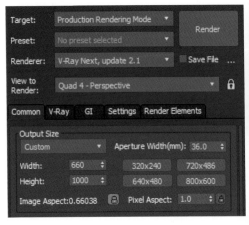

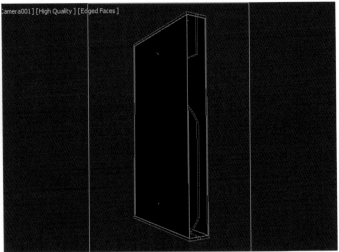

Physical Camera의 Shutter Type을 1/seconds로 선
택하고 Shutter Speed는 1/40로 수정합니다.

Exposure의 Exposure Control Installed를 실행하고
Manual은 "100" ISO로, White Balance는 Custom
으로 선택합니다.

39 Light 수정

Light는 Test Render를 거치면서 장면에 맞게 값을 수정합니다.
물론, 조명 회사에서 제공하는 조명 값이 있으면 그 값을 그대로 사용해도 됩니다.

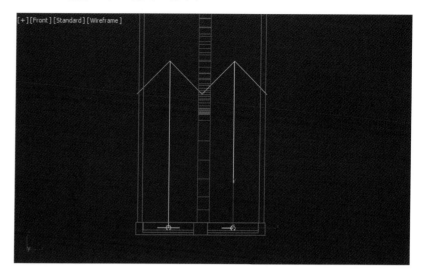

40 Test Render

Material ID 3의 lightbox 재질에 VRay2SidedMtl을 기본값으로 연결해주고, 장면을 Rendering합니다.

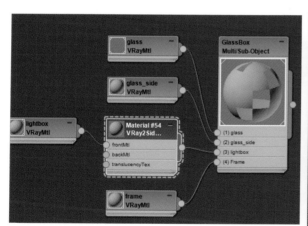

41 Text Material

Text 재질은 2개의 ID를 갖는 Multi/Sub_Object로 만듭니다. 기본 유리재질과 뒷면에 사용될 노란색의 에칭유리 재질을 만들어서 각각의 ID에 연결해줍니다. ID 1번의 유리 재질은 앞에서 만든 재질을 복사해서 사용합니다.

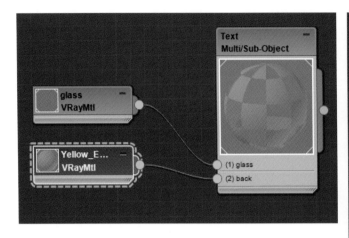

ID 2번의 에칭유리 재질은 Diffuse Color는 채도가 조금 낮은 노란색으로 만듭니다.
반투명의 에칭 느낌을 위해 Refract Color를 회색을 만들고 Glossiness 값을 낮춰서 부연 유리 느낌이 나도록 합니다.

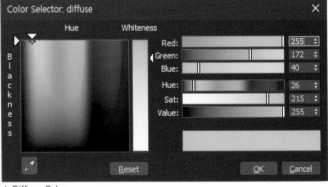

▲ Diffuse Color

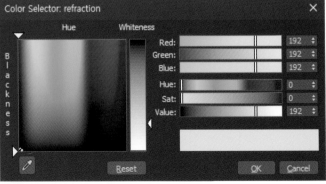

▲ Refract Color

42 재질 수정

glass_box Group의 다른 재질도 만들어 볼까요!

ID 2번의 유리 단면 재질은 두께감을 표현할 수 있도록 원래 유리보다 조금 어둡게 설정하고, Fog 옵션을 사용합니다.

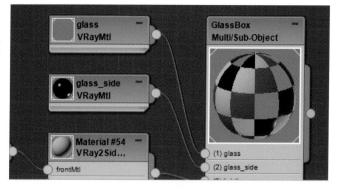

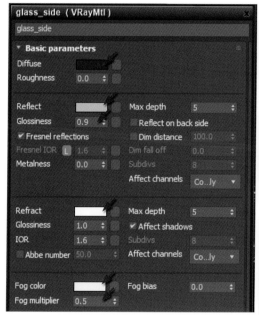

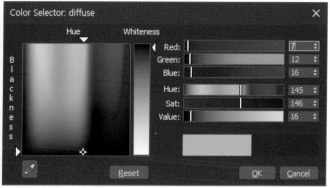

▲ Diffuse Color

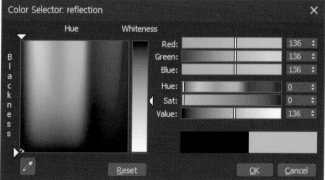

▲ Reflect Color

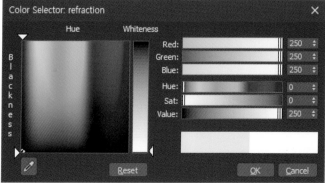

▲ Refract Color

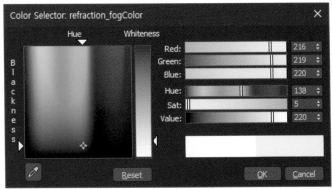

▲ Fog Color

ID 4의 Frame은 어두운 금속 재질입니다. Diffuse Color와 반사를 조금 조절하고 BRDF를 Ward로 설정했습니다.

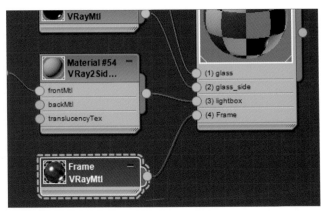

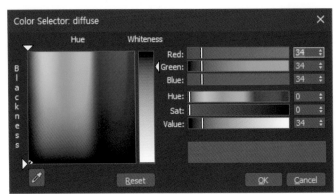

▲ Diffuse Color

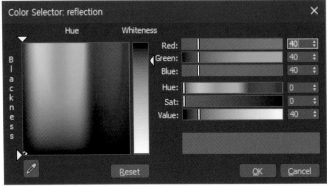

▲ Reflect Color

43 Light 복사

앞서 다른 예제에서 설명한 것과 같이 VRay2SidedMtl이 적용된 물체 안쪽에 Light가 있을 경우, 정확한 빛과 그림자가 표현되지 않습니다.
이런 문제를 해결하기 위해 Light를 Instance 형식으로 복사하고, 물체 바깥에 위치시킵니다.

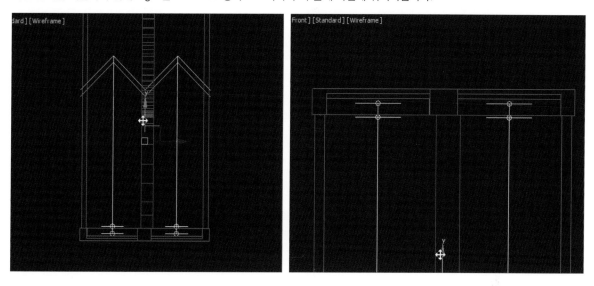

복사된 4개의 Light끼리는 Instance를 유지하고 원래 Light와의 Instance 연결은 끊어야 합니다.
새로 복사된 Light 4개를 모두 선택하고 Modify panel에서 Make unique를 실행합니다.
Make Unique 메세지창에서 "아니요"를 선택합니다.

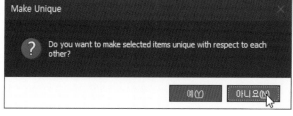

복사한 Light의 밝기와 Color, 옵션을 수정합니다.
Directional 값을 조절해서 빛이 Light의 가운데로 모이는 효과를 만들어줍니다.
Invisible 옵션을 켜서 Light의 형태가 장면에 Rendering 되지 않도록 합니다.

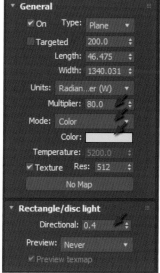

44 Test Render

현재 상태를 Rendering으로 확인하고 수정할 부분을 체크합니다.

45 Light 수정

Interfactive Rendering으로 안쪽 Light를 수정하면서 원하는 조명 느낌을 만듭니다.

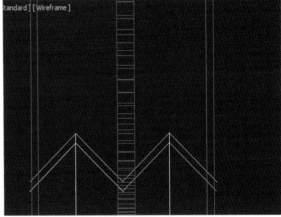

46 Dome light

VRayLight를 Dome Type으로 만들고, 유리에 반사될 HDRI를 추가합니다. 바닥으로 사용할 Plane도 만듭니다.

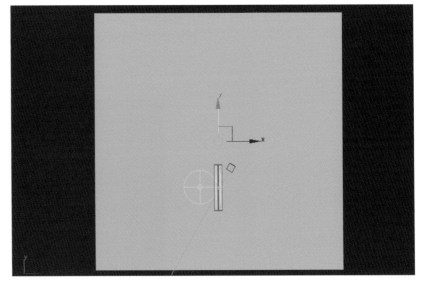

47 바닥 & 천장

바닥 Plane을 Snap으로 물체 아랫면에 맞추고, Shift+Drag로 복사해서 천장을 만듭니다. 위쪽 프레임 아래에 정렬시켜 줍니다.

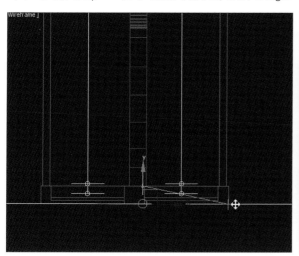 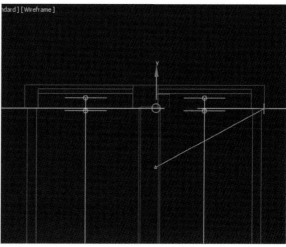

48 천장 수정

각각의 Plane을 Editable Poly로 Convert합니다.

자세히보면 천장 쪽 Light는 천장면 안쪽으로 매입된 것처럼 보입니다.
천장 물체를 선택해서 QuickSlice로 Box 형태대로 면을 나누고, 안쪽 Polygon을 선택해서 삭제합니다.

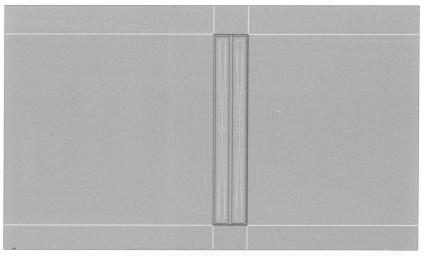

천장 물체의 Polygon을 모두 선택하고 Flip해서, 위를 향하던 면의 방향을 안쪽으로 뒤집어줍니다.

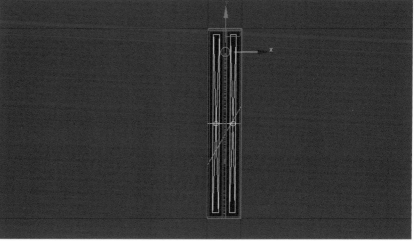

49 바닥 재질

바닥과 천장 재질은 반사가 있는 검정색 재질로 만들었습니다. Sign이 잘보이게 하기 위해서죠!
장면 전체가 밝게 표현되지 않도록 같은 재질의 벽면도 만들어 줍니다.
Camera 방향, 그리고 반사 이미지를 얻기 위한 왼쪽만 열어두고 나머지 부분은 벽으로 막아둔 상태입니다.
Interactive Rendering으로 느낌을 확인하면서 벽의 형태를 만들면 편리합니다!

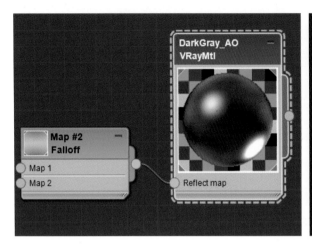 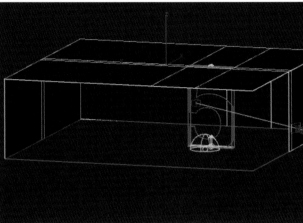

Diffuse Color는 어두운 회색 계열로 만들고, 반사에는 Falloff map을 사용합니다.
BRDF를 Ward로 선택해서 탁하고 무거운 재질 느낌을 만듭니다

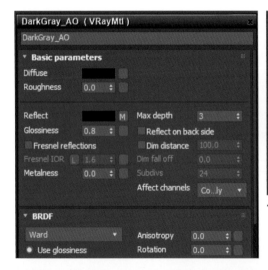 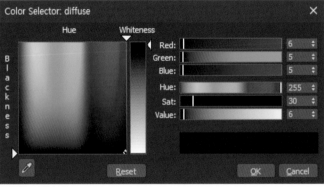

▲ Diffuse Color

▲ Reflect의 Falloff map

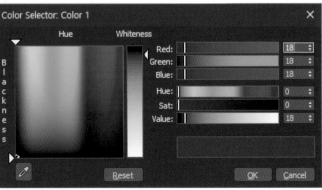

▲ Falloff Color 1

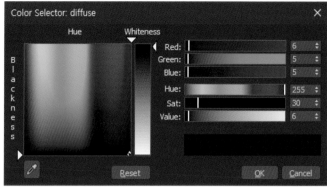

▲ Falloff Color 2

50 Rendering

Modeling하면서 Rendering 느낌
을 확인해보는 것이 큰 도움이 됩니
다.
Rendering으로 최종느낌을 확인합
니다.

3ds max
재미있는 Modeling

저자협의
인지생략

1판 1쇄 인쇄   2020년   1월 15일
1판 1쇄 발행   2020년   1월 20일

—

지은이   안 재 문
발행인   이 미 옥
발행처   디지털북스
정 가   25,000원
등록일   1999년 9월 3일
등록번호   220-90-18139
주   소   (03979) 서울 마포구 성미산로 23길 72 (연남동)
전화번호   (02) 447-3157~8
팩스번호   (02) 447-3159

—

ISBN 978-89-6088-293-5 (93000)
D-20-01

Copyright ⓒ 2020 Digital Books Publishing Co., Ltd.

DIGITAL BOOKS
디지털북스